AF246562

GEORGES .

LES RICHESS[E]S
DE LA
GUYANE FRANÇAISE
ET DE
L'ANCIEN CONTESTÉ FRANCO-BRÉSILIEN

ONZE ANS D'EXPLORATION

Ouvrage honoré d'une subvention par M. le Ministre des Colonies

ORNÉ DE NOMBREUSES PLANCHES HORS TEXTE, DE NOMBREUSES GRAVURES ET DESSINS
DANS LE TEXTE ET DE DEUX CARTES

— 1 —

Le Pays
Les Habitants
Les Forçats
Les Placers

— 2 —

Agriculture
Colonisation
Élevage du Bétail

— 3 —

Exploitation des Forêts
Chasses et Pêches

— 4 —

L'Ancien Contesté
franco-brésilien
(LE PAYS)
L'Or — Les Filons
La Houille

PARIS
SOCIÉTÉ D'ÉDITIONS SCIENTIFIQUES
4, RUE ANTOINE-DUBOIS, 4

1901

LES RICHESSES

DE LA

GUYANE FRANÇAISE

ET DE

L'ANCIEN CONTESTÉ FRANCO-BRÉSILIEN

[Library stamp]

GEORGES BROUSSEAU

LES RICHESSES

DE LA

GUYANE FRANÇAISE

ET DE

L'ANCIEN CONTESTÉ FRANCO-BRÉSILIEN

ONZE ANS D'EXPLORATION

Ouvrage honoré d'une subvention par M. le Ministre des Colonies

ORNÉ DE NOMBREUSES PLANCHES HORS TEXTE, DE NOMBREUSES GRAVURES ET DESSINS
DANS LE TEXTE ET DE DEUX CARTES

— 1 —

Le Pays
Les Habitants
Les Forçats
Les Placers

— 2 —

Agriculture
Colonisation
Élevage du Bétail

— 3 —

Exploitation des Forêts
Chasses et Pêches

— 4 —

L'Ancien Contesté
franco-brésilien
(LE PAYS)
L'Or — Les Filons
La Houille

PARIS

SOCIÉTÉ D'ÉDITIONS SCIENTIFIQUES

4, RUE ANTOINE-DUBOIS, 4

1901

PERSONNAGES CITÉS DANS CET OUVRAGE

1re Partie

2e Partie

3e Partie

Docteur Weber, ancien directeur de de l'école de médecine militaire du Val de Grâce.

Henry Richard, président de la Chambre d'agriculture de Cayenne. Balata.

Pierre Luce, chasses.

4e Partie

Coudreau, explorateur.

L'abbé Fabre, mission apostolique au territoire contesté.

† Pomme, ancien député de la Guyane à la Convention.

Société française de l'Amérique Équatoriale.

Pedro de Frètas, Mapa Grande.

Thomé, Maranan.

† Germane, chercheur d'or.

Clément Tamba, id. découvreur de l'or.

† Pierre Villiers,   id.

Laurens,   id.

Onemarck,   id.

Sannemougon,   id.

De Lapparent, de l'Institut, géologue.

PREMIÈRE PARTIE

LA GUYANE FRANÇAISE

LES COMMUNES. — COLONISATION. — LES PLACERS. — LE MARONI

CONCLUSION

LA GUYANE FRANÇAISE

La Guyane ! Cayenne ! le bagne, le pays des forçats, des récidivistes, des malfaiteurs de toute catégorie ; vision de crimes, évocation de victimes sanglantes et de fantômes vivants, marchant lentement à la mort sous la férule des garde-chiourmes et sous le soleil torride de l'équateur ! Voilà ce qui rentre subitement dans la pensée du paysan et de l'ouvrier français à qui vous parlez de cette colonie.

CAYENNE. — LA RADE
(d'après une photographie de l'auteur)

Et pourtant cette Guyane, si dénigrée et si méconnue, ne mérite pas plus que ses voisines, le Para et Démérari, les épithètes d'insalubre et d'inhabitable. Para est une ville de cent mille âmes, située immédiatement sous l'équateur, à l'embouchure de deux grands fleuves qui charrient des vases malsaines, et Démérari, dont la population dépasse cent mille habitants, se trouve dans les mêmes conditions climatériques que Cayenne et le Maroni.

Tout le monde connaît sa position géographique : au nord l'Océan atlantique et la mer des Antilles ; à l'ouest, le fleuve Maroni ; au sud, la chaîne des Tumuc-Humac et l'Oyapock ou l'ancien territoire contesté franco-brésilien.

Cette immense étendue de territoire est absolument inculte ; partout la forêt vierge avec ses hôtes mystérieux, partout la ténébreuse humidité de la forêt où pourrissent des débris organiques de toutes sortes.

On ne voit guère de montagnes dépassant cinq ou six cents mètres d'altitude, même au Tumuc-Humac et, en général, pas de relief bien saillant. Toutefois, le pays est découpé par des réseaux nombreux de ruisseaux et de rivières qui ont creusé des vallons et laissé des témoins de leur érosion.

Le plus souvent, on se trouve en présence de dykes et de nombreux cônes éruptifs de diorite et de diabase de cent cinquante à trois cents mètres d'altitude, dans le gneiss granitoïde, porphyroïde, le gneiss gris, les micaschistes, et la granulite quelquefois, suivant des directions comprises entre le N.-E., S.-O. et l'E.-O.

C'est auprès de ces dykes et de ces cônes dioritiques criblés de filons et de filonnets de quartz que l'on trouve le précieux métal.

En général, le faciès géologique peut se diviser en Laurentien et Huronien de Hart ; le Laurentien composé de roches très cristallines déjà citées, et le Huronien formé par des roches moins cristallines : quartzites, schistes micacés et chloriteux, minerais de fer en grands dépôts. On y rencontre aussi des grès ferrugineux, des schistes argileux, des argiles et des conglomérats quartzeux aurifères probablement contemporains du Dévonien et du Carbonifère ?

Les rivières principales, après le Maroni et l'Oyapock sont, en partant de l'Est, l'Approuague, le Mahury ou Comté-Orapu, le Kourou, le Sinnamary et la Mana, déversant directement leurs eaux dans l'Océan ; les affluents du Maroni dans la Haute-Guyane : Beïman, Abounamy, Inini, Aroua, grossie de l'Awaqui et le Marouani ; le Camopi et le Yaroupi, affluents de gauche de l'Oyapock.

VUE GÉNÉRALE DE CAYENNE PRISE DU FORT CÉPÉROU
(d'après une photographie de M. Chaumier).

Toutes ces rivières sont à l'état torrentiel, au-dessus des points où arrivent les marées, et la navigation, accessible seulement aux pirogues indigènes, y est très dangereuse.

Sur la côte, une zone de vingt à trente kilomètres de largeur moyenne possède de vastes savanes, anciens appareils littoraux abandonnés par la mer que cette dernière envahira et délitera un jour sans qu'aucune force humaine puisse l'arrêter, pour les reformer ensuite selon ses caprices.

Les îles du Salut sont trois rochers séparés ainsi du continent par l'érosion de la mer. Le grès coquillier cimenté par le fer hydroxydé, qu'on trouve à l'île Saint-Joseph, en est une preuve.

De l'Oyapock au Maroni, l'uniformité plate et monotone de la plage, bordée de palétuviers, n'est interrompue que sur quelques points.

Voici d'abord la montagne d'Argent (90 mètres d'altitude), colonisée autrefois par les Jésuites, et où la légende assure qu'ils ont enterré des trésors. Aujourd'hui, l'Administration pénitentiaire y récolte du café excellent avec un détachement de forçats.

Ensuite, à peu près à moitié chemin, l'île de Cayenne, d'aspect très pittoresque, avec son groupe de cinq montagnes principales (150 mètres d'altitude) couvertes de forêts où se détachent, par ci par là, sur un fond bleu moins foncé, des points blancs qui sont des habitations.

Et les îlets rocheux, non loin de la côte : La Mère, le Père, véritables sanatoria dont la colonie n'a pas su apprécier jusqu'ici l'importance et la valeur, le Grand Connétable, où une compagnie américaine exploite un gîte très abondant de phosphate d'alumine, les îlets Mélingue et Diable et le rocher-phare de l'Enfant-Perdu, à huit kilomètres au nord de Cayenne.

C'était bien ici en effet que devait se fixer l'attention des colonisateurs.

Plus loin, après quarante-cinq nouveaux kilomètres de palétuviers, le pénitencier de Kourou, en face du grand centre pénitentiaire des îles du Salut, montre au voyageur ses rochers de gneiss émergeant de la mer, surmontés d'édifices, dont la blancheur, sous les cocotiers, tranche sur le fond plus sombre des forêts de l'intérieur.

PLACE DES PALMISTES, ALLÉE CENTRALE (d'après une photographie de l'auteur).

LE MONUMENT SCHELCHER ET LA BANQUE DE LA GUYANE (d'après une photographie de l'auteur).

Enfin les palétuviers reprennent en maîtres possession de la côte, en quelques points sur plusieurs kilomètres d'épaisseur, jusqu'au Maroni, qui se déverse majestueusement dans l'Océan par une seule embouchure de dix kilomètres de largeur.

Les fleuves de la Guyane n'ont pas de delta, à cause du grand courant venant de l'Amazone, qui emporte leurs alluvions et passe avec une vitesse de trois et même quatre nœuds, longeant la côte et tout le fond du golfe du Mexique, pour aller ensuite former le Gulf-Stream.

L'île de Cayenne fait exception à cette règle et n'est, à proprement parler, que le delta de l'Oyac ou Comté, réuni par un canal avec la rivière de Cayenne (16 kilomètres de base sur 28 de hauteur) mais un delta granitique et montagneux assez peuplé. Quelques bonnes routes y sont tracées, où les voitures et les bicyclettes peuvent, en toute sécurité, faire des courses de cinquante kilomètres d'un seul tenant.

Quant à la ville même de Cayenne, elle ne manque pas d'étrangeté et même de beauté avec sa majestueuse place des Palmistes, sa belle place du Gouvernement, ses maisons de bois disparates, ses rues droites et bien ouvertes coupées perpendiculairement en échiquier, la plupart bordées de magnifiques trottoirs tout neufs.

Il n'y a pas bien longtemps encore que les poules et les canards grouillaient dans l'herbe et la vase des fossés remplis d'eau stagnante. Mais aujourd'hui, la ville s'assainit et s'embellit, grâce à l'initiative intelligente de notre ancien maire, M. Henri Ursleur, avocat distingué (M. Henri Ursleur a été élu député de la Guyane en mai 1898, en remplacement de M. Franconie) et de ses adjoints, M. l'ingénieur civil Melchior et M. El[th] Leblond, actuellement président du Conseil général.

Ajoutons à cela une belle conduite d'eau qui a ses branchements dans chaque maison.

Quelques rues restent encore avec l'herbe et les fossés d'eau croupissante où les urubus viennent dévorer des détritus sans nom et aider au nettoyage des voies publiques.

Encore une ombre à ce tableau : ce sont les tinettes de vidange qui ne sont pas inodores et que des forçats trimballent en plein jour sur des véhicules cahotants. Bouchez-vous le nez et passez vite.

Mais l'œuvre se continue, et, dans quelques années, tout sera assaini, terminé.

L'avenue d'Estrées, le boulevard Jubelin, la place des Amandiers, entièrement exposée aux brises de la mer, la plage des Cocotiers à côté du Pénitencier, et la crique ou petit port marchand, sont des endroits chers à l'habitant pour la promenade du soir et du dimanche, surtout quand les deux musiques civiles se font entendre sur l'un ou l'autre de ces principaux points.

CAYENNE. — HÔTEL DU GOUVERNEUR.
(d'après une photographie de l'auteur.)

Quant à moi, il est deux endroits presque inconnus des Cayennais que j'affectionne de préférence.

Le premier est le Fort qui couronne la petite colline granitique le Cépérou, d'où l'on a une magnifique vue de Cayenne.
Toute la ville est à vos pieds :
A gauche, la caserne d'infanterie de marine, très vaste, pouvant loger deux mille hommes, et les vieux canons de la batterie accroupis sur leurs affûts et qui semblent dormir au chant berceur de la vague qui vient mourir à leurs pieds ; la belle place du Gouverne-

ment, avec sa fontaine monumentale en ciment, la caserne de la gendarmerie et le bel hôpital militaire, où les malades sont si bien traités.

En face, les bâtiments de l'artillerie avec leur haute cheminée, presque aussi haute que les palmistes, qui viennent ensuite. Et la vue en enfilade des principales rues de Cayenne : Christophe Colomb, de la Liberté, de la Provence et Lalouette (1), qui vont en s'amincissant, se perdre au loin dans une perspective de feuillages et de fleurs où se jouent toutes les nuances, sous le clair soleil. C'est une débauche de couleurs à rendre jalouse la palette d'un peintre, depuis le jaune et le vert tendre, jusqu'au violet foncé et l'indigo sur lesquels éclatent parfois resplendissants, les bouquets jaunes de l'ébénier et les rouges fleurs du flamboyant. Partout, devant soi, entre les maisons inégales et l'échiquier des rues transversales, apparaissent des jardins mystérieux et ombragés où, quand vient l'heure énervante de la sieste, de langoureuses créoles aux grands yeux de velours, au teint mat, de cuivre ou de bronze, reposent et rêvent à l'ombre des arbres, sur des nattes ou dans des hamacs. Toutes, riches ou pauvres, à cette heure, sont vêtues de peignoirs légers, ce vêtement créole qui moule si complaisamment, la brise complice aidant, leurs formes plus ou moins sculpturales.

Et du milieu de ce décor de rêve tropical, s'élève, de ci, de là, majestueux comme un symbole, quelque tronc solitaire de palmier ou de cocotier, étalant orgueilleusement dans le ciel, l'éventail de ses branches.

Au fond, là-bas, le Mont-Tabo et la montagne Tigre, bornent l'horizon avec leur manteau de verdure plus sombre, et, là-haut, tout là-haut, dans l'azur, les vautours planent, constellant le ciel de leurs étoiles sombres et mouvantes.

Le second endroit où se plaît ma rêverie, c'est le promontoire de roches granitiques qui se prolonge sur la mer derrière le pénitencier.

---

(1) Lalouette est le nom d'un garde principal d'artillerie, qui, le premier, dota Cayenne de la remarquable conduite d'eau du Rorota (16 kilom.) réparée et agrandie récemment par M. Levavasseur, conducteur des ponts et chaussées.

C'est là que je vais m'asseoir sur le banc de pierre où Delescluze,
fuyant l'obsession de ses propres pensées, apprenait à lire aux petits
noirs du voisinage, non sans jeter quelquefois un regard vers le
large, vers le Nord, vers la France. C'est là que ma triste rêverie me

PÉNITENCIER

(d'après une photographie de l'auteur).

mène souvent, celle des jours sombres, des jours sans soleil, où le
ciel est de plomb, où les vagues en courroux viennent se déchirer
sur les rocs aigus avec des sanglots. C'est là que le soir me surprend
isolé dans la fraîcheur de la brise, les yeux songeurs fixés sur le
grand carré sombre du bagne, auprès duquel se profile une si-
lhouette de chapelle tout au bord des flots, espoir de salut pour les
naufragés de la vie.

CAYENNE. — RUE CHAUSSÉE-SARTINES (d'après une photographie de M. Chaumier, de Cayenne).

Qui pourra jamais dire ce qu'il y a de sombre horreur, d'anathè-
mes et de malédictions planant au-dessus de ce lieu, comme un mauvais sort que le vent emporte et éparpille aux quatre coins de la ville.
— Et qui sait si ce n'est pas là l'influence occulte et fatale qui
pèse sur ta destinée, ô Cayenne!...

Combien de souffrances, combien de sanglots étouffés, combien de
cris de désespoir et de rage sont incrustés dans ces murs, d'où
s'échappe une âcre et fauve odeur de relent humain ! C'est là que les
forçats sont parqués comme un vil troupeau ou isolés dans d'obscures et étroites cellules.

Je les revois en ville passer, également en troupeau, quatre fois
par jour pour se rendre à leurs chantiers ou pour en revenir. Ils
vont d'un pas automatique, l'air morose, l'œil atone, la figure flétrie,
le corps fatigué et usé par tous les vices.

Et les surveillants, armés de révolvers, qui les conduisent, savent
pourtant se faire obéir par tous ces corps sans âme, ces morts vivants
qui existent sans vivre.

Et, rentrés au pénitencier, la nuit, bienfaisante pour les inconso-
lés qui peuvent un instant s'abîmer dans l'oubli, est autrement terrible pour le grand nombre, les fanfarons du crime, qui ont horreur de l'ombre et du silence, horreur du sommeil qui leur apporte
des visions sanglantes de victimes, de juges en robe rouge, et de
guillotine. Pour échapper à leur propre angoisse, ils appellent les
camarades, et, alors, il se dit des choses affreuses, inénarrables ; il
se commet des atrocités sans nom... (Le régime de la séparation
individuelle serait encore le meilleur...)

Aussi, malheur à celui qui, par hasard, entre là innocent — cela
arrive quelquefois, hélas ! — il est perdu à tout jamais ; car pour
les hommes tels que le bagne les fait, c'est le crime d'un seul jet, le
vice honteux et les plus abjectes débauches.

Et cependant, au-dessus de ces maudits, j'ai vu luire, comme une
apothéose, l'éclair radieux d'une aurore nouvelle : une nouvelle vie
sous un autre nom, dans une nouvelle patrie. C'est là qu'est le
bonheur pour le forçat.

Et c'est ainsi que, chassant les fantômes et les songes mauvais, l'ange de l'espérance vient parfois leur sourire et les consoler en leur murmurant tout bas des plans d'évasion.

Evasion ! voilà le mot magique, voilà l'idéal qui les fait vivre et les fait mourir souvent.

Cayenne possède une bibliothèque publique, assez riche, don de M. Franconie, le père de l'ancien député.

On y trouve tous les principaux journaux de France, politiques, artistiques et scientifiques. Et, ce n'est pas là une des moindres distractions. Disons en passant qu'il est bien regrettable que cet asile de travail et de paix, ne s'ouvre que trois fois par semaine, le mardi et le vendredi de cinq à sept heures du soir et le dimanche de huit heures à onze heures.

Il y a aussi un collége d'enseignement secondaire, deux écoles communales laïques de filles et une de garçons, et deux écoles congréganistes libres ; sœurs de Saint-Joseph de Cluny, et frères de la doctrine chrétienne.

L'école communale des garçons, dirigée par M. Borneville, est de beaucoup la plus importante. Elle comprend cinq cents élèves, répartis en douze classes, avec seize maîtres. J'ai vu des cahiers d'enfant de huit ans, sachant faire les quatre règles et de petites dictées faciles, de quinze à vingt lignes, avec pas plus de trois à cinq fautes.

La ville sera bientôt éclairée au gaz et, dans deux ans elle aura un joli théâtre où l'on jouera l' « Africaine » et,

> « Plus blanche que la blanche hermine »

avec un égal succès prétend-on ?

Il y a aussi, outre le Journal officiel de la colonie, où paraissent les dépêches du câble sous-marin, un petit journal hebdomadaire, qui soutient bravement les intérêts de la colonie et critique en même temps les actes du Gouvernement.

Assainissement physique et moral. Ce double résultat obtenu, Cayenne, avec ses dix à douze mille habitants, deviendra une résidence aussi supportable que celle des villes de France de même population.

CAYENNE. — RENTRÉE DES FORÇATS AU PÉNITENCIER (d'après une Photographie de l'auteur).

LES COMMUNES

Dans l'île de Cayenne se trouvent encore deux autres communes rurales.

Rémire, à l'Est, approvisionne le chef-lieu de lait, de légumes, de bananes et de cacao.

La situation de cette commune est admirable et saine, exposée aux vents alizés du N.-E., à l'embouchure du Mahury.

La ville de Cayenne serait, à tous les points de vue, bien mieux placée ici que là où elle est actuellement, au milieu de vases malsaines qui obstruent de plus en plus son port, malgré le véritable travail de Sisyphe auquel doit se livrer l'Administration locale.

C'est vers Rémire et le Mahury que se trouvent les habitations de plaisance des commerçants riches et des bourgeois de la ville.

Femme noire de Cayenne
(d'après une photographie de l'auteur).

Aussi, le samedi soir et le dimanche, les routes de cette commune sont plus particulièrement animées par les piétons, les voitures, les bicyclettes, les cavaliers et les véhicules de tous genres, depuis l'humble bourriquet traînant péniblement un cabrouet (espèce de char très bas, suspendu au-dessous de deux essieux), chargés de bandes joyeuses chantant des refrains créoles, jusqu'à l'équipage de luxe qui passe rapide et gourmé.

La commune de Tour-de-l'Isle ou Matoury au Sud-Ouest, produit surtout du charbon de bois et de la cassave, galette plate de farine de manioc — la *cassava*, ce pain caraïbe, si cher à Christophe Colomb.

Au Sud, de l'autre côté de la pointe du delta, se trouve la commune de Roura dont le chef-lieu, sur la rivière Comté, possède une vingtaine de maisons, parmi lesquelles une église, un presbytère, une école de garçons et de filles, une Justice de paix. L'hinterland de la commune se perd dans les forêts du côté du Tumuc-Humac. Roura produit de l'or, des bois de construction et d'ébénisterie.

A l'Ouest de Cayenne, les communes de Montsinéry et de Tonné-grande produisent aussi des bois de construction et d'ébénisterie ainsi que du charbon.

Ensuite, longeant la côte, toujours à l'Ouest, la commune de Makouria qui envoie journellement au marché du chef-lieu des cassaves, du lait, des bananes, des légumes, des fruits et des volailles.

La commune de Kourou, riche en porcs et en volailles.

Et enfin Sinnamary, Iracoubo et Mana, les trois communes les plus importantes et les plus riches après Cayenne.

La commune de Sinnamary, ancien lieu de déportation, a un bourg chef-lieu assez pittoresque, sur la rive droite du fleuve de même nom, à un kilomètre à peine de son embouchure. Quelques rues y sont tracées, bordées d'assez belles maisons, outre la gendarmerie, le presbytère, l'église, le télégraphe, la mairie et la maison d'école. Les petits navires et les bateaux à vapeur ne calant pas plus de trois mètres peuvent, en toute sécurité, entrer dans son port qui exporte de l'or, des bœufs, des cochons et des volailles.

On remarque ici, parmi la population, pas mal de mulâtresses et de mulâtres au type presque européen et descendant des anciens colons et des déportés politiques.

Quelques Indiens, derniers rejetons de la famille caraïbe, de la

SINNAMARY (d'après une photographie de l'auteur).

tribu des Gallibis (50 à 60 environ) se livrent à la pêche et à la confection des gargoulettes (alcarazas).

Les savanes, ici et à Iracoubo, sont vastes et riches en pâturages excellents, et l'élevage du bétail pourrait s'y faire en grand, surtout à Corosoni, tout près du bourg.

Mais qui triomphera de l'apathie et du mauvais esprit des habitants pour y créer ce genre d'exploitation.

Les jalousies et les sourdes rancunes de race ne manqueront pas de s'élever contre l'étranger, le « Vent Méné », terme de mépris qui sert à désigner dans le pays celui que les navires à voile ont amené.

Voici Mana. Nous arrivons par le fleuve du même nom : sur la rive gauche, nous apercevons un quai bordé de maisons de belle apparence, une belle place ombragée de manguiers ; le couvent des sœurs de Saint-Joseph et l'église en bois, surmontée d'un clocher vermoulu. C'est la supérieure Javouhey, chevalier de la Légion d'honneur, la sainte fondatrice des religieuses de Saint-Joseph de Cluny, qui a tout créé. Rien n'existait ici avant elle : la brousse seulement sur une savane de sable.

Quoique la prospérité agricole de ce bourg de deux mille âmes soit bien déchue, le nom de Mana doit être connu du monde entier à cause de son rhum délicieux et d'un bouquet si rare que les religieuses de Saint-Joseph ont su lui donner.

Mana exporte aussi de l'or, du couac et un peu de riz. Des découvertes aurifères importantes viennent d'être faites vers les sources du fleuve, à quinze jours de canotage.

A l'est de Cayenne, de l'autre côté du Mahury, sont encore trois communes.

C'est d'abord Kaw, avec ses collines fertiles et ses plaines bien arrosées où se cultivent avec succès tous les végétaux utiles des pays tropicaux. On devait autrefois y fonder une importante colonie agricole ; mais ce projet, le seul bien compris, après tant d'autres qui avaient si misérablement échoué, le seul qui put avoir des chances de réussite, a été abandonné.

La vie est facile à Kaw. Le gibier de toute espèce y abonde ; aussi les habitants y travaillent le moins possible. De temps en temps, cependant, ils viennent en canot à Cayenne, avec des chargements d'oranges et d'autres fruits.

Approuague, sur la rive droite du fleuve de ce nom, produit de l'or, du couac ou farine de manioc pour les placers, des bois de rose et d'ébénisterie et un peu de roucou. Enfin, sur la rive gauche de l'Oyapock, touchant au Contesté franco-brésilien, la commune de Saint-Georges-d'Oyapock, qui produit du couac très estimé, du tapioca, des bois de rose et d'ébénisterie, et de l'or. Il se fait encore ici un petit commerce d'échange avec les Indiens de l'Ouassa, du haut Oyapock et du Camopi (Haute-Guyane) ; ils apportent des chiens dressés à la chasse et divers produits de leur industrie, notamment des hamacs en coton inusables, des poteries et des pagaras.

Le pagara (mot caraïbe) est un panier ordinairement carré, fait avec l'écorce lisse et divisée en longues paillettes, d'un petit palmier nain, appelé vulgairement *arrouma*. Le tissu double de ces paniers est si habilement tressé qu'il est imperméable. A cette précieuse qualité s'ajoute la légèreté et la bizarrerie des dessins. Le pagara est le bagage léger et commode, indispensable à tout le monde dans la colonie, pour voyager.

Presque toutes les communes *au vent et sous le vent* de Cayenne, comme on dit ici, ont leur hinterland qui se perd dans l'inconnu du Tumuc-Humac.

En tout, la population du littoral s'élève à environ 25.000 âmes, parmi lesquelles 2.000 Européens en comptant la troupe et les fonctionnaires et 4 à 500 Indiens.

Il faut y ajouter 2.500 à 3.000 forçats et récidivistes, 1.000 nègres bonis et boschs rive droite du Maroni, et 5.000 Indiens dans la Haute-Guyane.

Les blancs créoles de Cayenne sont en petit nombre et ce nombre va toujours diminuant. Il y a bien encore une vingtaine de familles dont les souvenirs peuvent remonter jusqu'au siècle dernier.

En général, la population Cayennaise diminue : les décès excédant les naissances ; mais les vides sont heureusement comblés par les Antillais, qui sont déjà plus de 2.000 dans la ville et ses environs.

Quant aux populations des quartiers manquant de routes et de

moyens de communication faciles avec le centre commercial et civilisé, Cayenne, elles sont pour ainsi dire abandonnées à elles-mêmes.
Elles ne font d'agriculture que ce qu'exigent leurs besoins immédiats ; et, malgré les louables efforts des instituteurs et institutrices
et des curés de quartiers qui les fanatisent, elles se livrent encore
aux pratiques occultes du fétichisme et du piaï qu'elles ont conser-

CRÉOLES A BORD DU COURRIER
(d'après une photographie de l'auteur).

vées. Un bedeau est un homme très important et surtout un agent
électoral très redouté.

Pour le voyageur qui traverse ces quartiers, en suivant une route
sablonneuse ou marécageuse, à peine tracée, l'impression est surtout pénible.

De temps à autre, dans une éclaircie et souvent dans la forêt
même, il aperçoit une case, en planches grossières ou en gaulettes,
couverte avec des feuilles de palmier. Là vit une famille, de pêche,
de chasse et de produits naturels du sol. De culture, presque pas ;
tout au plus un petit carré de jardin où poussent, parmi les ignames et les patates, quelques arbres fruitiers : manguiers, orangers,
citronniers, où s'abritent quelques poules.

Dans les habitations les plus riches, couvertes en bardeaux, il y a
en plus quelque bétail : bœufs et porcs, vivant dans le bois ou la

Indiens Gallibis de l'Oyapock (d'après une photographie)
(Paru au *Tour du Monde*).

savane, et l'abatis de manioc que l'on abandonne tous les deux ans pour un nouveau.

Ce qui frappe le plus, ce sont les ruines des anciennes habitations qui marquent une ère de prospérité déjà loin de nous, dont des restes de poulies, de volants, de roues d'engrenage, de chaudières, etc., qui émergent du milieu des ronces et des lianes, rappellent le souvenir.

Les lézards et les serpents sont aujourd'hui les hôtes solitaires de ces lieux autrefois pleins de vie, où de nombreux travailleurs manipulaient le cacao, le café, le coton, le roucou, le girofle, la vanille, la canne à sucre, le riz, etc.

Ces ruines furent la suite et la consécquene du contre-coup trop brusque de l'abolition de l'esclavage.

COLONISATION

Conditions de la Vie

Les colons ou les grandes compagnies qui voudraient s'établir en Guyane, ne doivent pas trop compter sur la main-d'œuvre du pays. Les nouvelles générations d'ouvriers qui arrivent, ne songent qu'à une chose : la recherche et l'exploitation de l'or qui promet des bénéfices immédiats et considérables à ceux qui ont de la chance. L'or est le miroir aux allouettes qui les attire.

Quant aux jeunes gens du pays, ayant une bonne instruction élémentaire, leur première ambition est d'entrer comme employé au Secrétariat général, à l'Administration pénitentiaire, aux Ponts et Chaussées, etc. Comme le nombre de ces places est limité, beaucoup se rabattent sur les emplois du commerce ou des placers.

La grande culture, l'élevage du bétail, l'exploitation des forêts sont de plus en plus abandonnés. Aussi ne faut-il songer à une grande entreprise agricole et industrielle en Guyane, qu'en y introduisant une immigration, une main-d'œuvre étrangère (1).

____

(1) L'Angleterre nous ayant refusé l'immigration des coolies de l'Inde, alors qu'elle accorde ce privilège à nos voisins de Surinam, notre Ministre des colonies pour porter remède au manque de bras, a obtenu du Gouvernement hollandais, l'autorisation d'introduire à la Guyane française, des travailleurs javanais.

Il faut autant que possible que ces immigrants ne parlent pas la langue du pays, sans cela ils seront détournés et conduits aux mines d'or, la seule industrie du pays qui conserve encore quelque vitalité, mais qui se meurt, comme tout le reste,

CORVÉE DE FORÇATS RUE NATIONALE
(d'après une photographie de l'auteur)

parce qu'on n'a pas su ou voulu l'encourager ; on n'a rien fait pour elle. Pourtant ce sont les mines et les mineurs qui font le budget local !!

Et la main-d'œuvre pénale, dira-t-on ?

La main-d'œuvre pénale revient plus cher que toute autre, étant donnés les règlements actuels, et surtout la paresse innée ou voulue du forçat ; sans compter les tracasseries de l'administration pénitentiaire, la responsabilité encourue en cas d'évasion, et enfin le danger d'être accusé de complicité avec ces messieurs du bagne, et poursuivi sur un simple rapport de l'un d'eux.

En résumé, il n'y a pas à compter sur la main-d'œuvre pénale pas plus que sur la main-d'œuvre du pays.

CAYENNE. — UN COIN DU MARCHÉ
(d'après une photographie de l'auteur).

Dans les quelques familles bourgeoises de Cayenne, il est impossible de conserver à demeure un domestique ou une bonne que l'on paie pourtant assez cher : 40 à 50 francs par mois la bonne ou cuisinière et 90 à 100 francs le domestique.

Pour une simple observation qui n'est pas de leur goût, vos domestiques disparaissent sans même vous prévenir.

En outre de cela, la vie est chère. Quoi qu'il n'y ait pas précisément d'hôtel proprement dit, une pension bourgeoise y coûte 150 à 180 francs par mois ; et les denrées les plus ordinaires : le lait de vache s'achète 1 fr. et 1 fr. 20 le litre ; la viande de bœuf 2 francs le kilog ; depuis l'année 1899, la viande des bœufs de l'Orénoque est livrée à 1 fr. 20 et 1 fr. 30 le kilog, par M. Henry Richard, fournisseur de l'Administration. Le poisson vaut 1 franc le kilog, les œufs 0 fr. 30 la pièce ; un poulet 5 à 6 francs ; la morue 2 francs le kilogramme, les haricots et les pommes de terre importés 0 fr. 60 le kilogramme ; les lentilles et les oignons de 0 fr. 80 à 1 franc. Les légumes sont hors de prix, une tomate coûte de 30 à 40 centimes ; un petit paquet de persil, 30 centimes ; un maigre pied de salade, 50 centimes ; un fruit : mangue, sapotille ou orange, coûte 20 centimes ; un melon vaut de 5 à 6 francs ; une dame-jeanne de vin ordinaire de 15 litres, s'achète 12 à 15 francs, etc...

Les logements sont à l'avenant : on loue 50 à 60 francs par mois une chambre garnie à peu près convenable, et 75 à 100 francs des petits logements de deux pièces avec une petite cuisine.

Les vêtements, les plus pratiques et les plus hygiéniques, sont ceux de toile blanche ; mais gare aux blanchisseuses, qui gardent votre linge un mois et plus, et vous le rapportent le plus souvent usé et rapé par le frottement de la brosse en chiendent, dont l'usage immodéré, réduit en charpie vos faux-cols et vos manchettes.

La redingotte ou la jaquette sont de rigueur pour les visites qui se font de 5 à 7 heures du soir.

C'est, en effet, l'heure paisible du crépuscule tropical où la brise se fait douce et fraîche. Les maisons tristes et fermées au grand soleil de la journée, s'ouvrent à la joie et au bonheur ; les salons créoles, avec leurs meubles légers et élégants et l'inévitable piano qui rappelle l'Europe, se font aimables et hospitaliers, les rues s'emplissent de promeneurs, et le mouvement et la vie succèdent à la maussade torpeur de la sieste.

Les jours de courrier français (départ de Saint-Nazaire le 9, arrivé à Cayenne le 28 ou le 29 de chaque mois, départ de Cayenne le 3 du mois suivant) le rendez-vous du Tout-Cayenne est sur les quais de débarquement. On va recevoir les nouveaux arrivés ou les parents et amis de retour de France.

Les brunes filles du pays, en toilettes claires et foulards aux couleurs voyantes accourent rieuses, les yeux amoureux, le sourire éblouissant, dévisager et détailler les nouveaux venus : officiers, fonctionnaires ou autres qui n'ont qu'à se bien tenir. Ensuite le rendez-vous est à la poste, où tout le monde accourt avide de nouvelles.

Les jours d'arrivée et de départ des courriers sont des jours de fête à Cayenne.

Beaucoup de voyageurs et d'auteurs ont parlé avec exagération de la tendance à la vanité et à la jalousie de la race noire, comme si tout n'était pas vanité et rien que vanité en ce bas monde.

Ainsi je lis dans « Voyage aux trois Guyanes et aux Antilles », de M. G. Verschuur, Hachette éditeur, page 120 :

« Le nègre civilisé, celui surtout qui a fait le voyage d'Europe » et y a reçu son éducation, rapporte parmi ses bagages, une dose

» de vanité et d'arrogance qui vont en se développant au fur et à » mesure qu'il se sent acquérir une plus grande prépondérance » sur ses semblables. Il a beau se poser en homme sérieux, le » fond reste le même, la paresse innée revient à la surface, la » transformation ne s'accomplit pas. Aussi, malheur aux colonies » où l'élément noir est investi de fonctions dirigeantes, où la race » blanche laisse amoindrir son influence par la *suprématie collective* » des naturels du pays. Nous n'avons qu'à jeter un coup d'œil sur » la Martinique et la Guadeloupe pour nous rendre compte de

» l'effet général produit par le système adopté en ces derniers
» temps... »

En général, il est certain que les noirs ont d'abord pris à l'Européen plutôt ses mauvaises qualités; mais, on ne change pas une race en quarante ou cinquante ans. Pour être juste, il faut reconnaître aussi, que, malgré leurs défauts, les noirs possèdent des qualités d'endurance à la fatigue et aux privations, qui les rendent précieux dans la forêt vierge, le canotage dans les rivières et l'exploitation et la recherche des gisements aurifères. Il ne faut que savoir, pour en tirer parti, les traiter avec douceur et sans faiblesse.

Le croisement avec la race blanche produit le plus souvent — pas toujours, hélas ! — des sujets remarquables. Les mulâtres sont tout bons ou tout mauvais ; mais il est consolant de constater ici que la majeure partie forme avec la race blanche, la classe la plus intelligente et la plus prospère de la colonie.

On a aussi fait ressortir un peu trop la haine de race : elle n'est pas plus vive que ne l'est en Europe la haine des classes.

D'ailleurs, aux grands maux les grands remèdes. Il nous est permis d'espérer que nos gouvernants, suffisamment éclairés, suffisamment armés désormais, couperont dans ses racines ce mal odieux, qui a déjà fait son œuvre aux Antilles et que des *politicailleurs* coloniaux, sans scrupules, entretiennent et exploitent à leur profit. Un de nos ministre des colonies, M. Lebon, a donné l'exemple; il n'a pas craint d'aller lui-même au Sénégal pour se rendre compte. Que d'autres aillent aux Antilles et à la Guyane, et les choses iront de mieux en mieux.

Les fièvres paludéennes sont des maladies endémiques assez communes à la Guyane, mais avec des précautions et une bonne hygiène on n'a pas à craindre les accès pernicieux qui deviennent de plus en plus rares.

Voilà bien le revers de la médaille, hélas ! mais cela n'empêche point d'aimer ce beau pays et de reconnaître qu'on peut y coloniser sans plus de risques qu'en Europe.

Malgré les fautes commises, malgré les démarches trop longues malgré les jalousies qui s'aiguisent contre les nouveaux venus, leur créant toutes sortes d'embarras ; malgré tout, le colon Européen doit venir à la Guyane. Dans les vastes savanes du littoral, à Iracoubo, à Sinnamary, à Kaw, à l'Oyapock et au Contesté, il sera avant tout un éleveur, ce qui le dispensera de remuer la terre. Ensuite, il pourra, s'il a la main-d'œuvre suffisante, faire en savane même ses cultures industrielles : café, cacao, roucou, coton, tabac, maïs, canne à sucre, etc..., qui toutes se contentent de terres légères.

Comme partout ailleurs, il est nécessaire que le colon dispose au moins d'un petit capital. Il arrivera avec un stock de marchandises, parmi lesquelles il faut mettre au premier rang le riz, la farine, le tafia, les tissus (toile bleue et toile blanche, cotonnades, indiennes, calicots, mouchoirs, paliacas, broderies à bon marché, etc..,) parapluies, chaussures, chapeaux de paille et de feutre, sucre en boîtes, huile d'olive, lait concentré Nestlé ou Gallia, biscuits en caisse, pioches, pelles, houes, sabres d'abatis, haches américaines, fusils de chasse, poudre, plomb et cartouches, etc.

Avec cela, la vie du colon sera douce ; dès son arrivée, il réalisera des bénéfices et, en toute sécurité, il pourra s'acclimater et procéder, sans se presser, à une plus confortable installation pour l'avenir. Bien logé et bien nourri, on ne craint pas la fièvre ni le climat qui, du reste, est suffisamment tempéré: 27° de moyenne thermométrique dans la saison la plus chaude.

LES PLACERS

Celui qui voudra tenter la fortune comme chercheur d'or, devra également arriver en Guyane avec une mise de fonds de 5 à 6.000 francs. S'il ne connaît pas le métier, il fera bien de l'apprendre d'abord, en s'engageant à n'importe quel titre dans un placer organisé. Autant vaudrait pour lui jeter son argent à l'eau que de se confier à l'expérience de contremaîtres ou d'ouvriers qui l'exploiteraient. Avant d'avoir trouvé

PIROGUES ET CANOTS DU PAYS
(d'après une photographie de l'auteur).

de l'or ou même d'avoir commencé une prospection sérieuse, les vivres seraient gaspillés et l'expédition en complète déroute. C'est ce qui est arrivé, hélas ! à nombreuses expéditions, quelques-unes commanditées à Paris et confiées à des gens inexpérimentés qui ne savaient ni ne pouvaient rien obtenir de leurs engagés.

Pour le chercheur d'or qui connaît son métier et qui veut aller
à la recherche de mines d'or dans les profondeurs encore inconnues de la forêt vierge, en un mot prospecter, au préalable, il
doit se rendre chez un arpenteur du cadastre où on lui délivre,
moyennant 12 ou 15 francs, un plan de la région à prospecter.
Avec ce plan, il obtiendra de la Direction de l'Intérieur un permis
de recherches, à 10 centimes l'hectare, valable pour deux ans et
l'autorisant à descendre (revenir) avec une première production,
dite production de recherches. Ensuite, il engagera cinq ou six
hommes robustes, expérimentés, avec une femme pour faire la
cuisine et autres menus travaux. Il achètera les vivres nécessaires
pour une expédition de six mois, la ration par homme étant la
même que la ration d'ordonnance du soldat, moins le vin.

Les engagements se font pour 156 journées de travail effectif, à
raison de 5 francs pour les contre maîtres, 4 fr. 50 et 4 francs pour
les bons ouvriers, 3 francs et 3 fr. 50 pour les ouvriers médiocres
ou manœuvres, et 1 fr. 50 pour les femmes ; les uns et les autres
nourris, logés et médicamentés aux frais de l'expéditionnaire.

Dans la zone ordinaire des placers de la Guyane, le prix moyen
d'entretien d'un ouvrier revient à 7 francs environ :

S'il va dans la région du Maroni, il n'a pas besoin de se procurer
de canot, les nègres boschs et les nègres bonis font le canotage et le
font bien, pourvu, bien entendu, qu'ils ne soient pas trompés.
Quand la destination est pour les autres fleuves et rivières, il faut
se munir d'un ou deux canots dans lesquels on arrime, le mieux
possible, pour les besoins du voyage, les marchandises prises à
Cayenne et qu'un caboteur de l'endroit transborde dans les petits
ports des embouchures.

C'est ici que commencent véritablement les grandes difficultés.
Il faut remonter le fleuve et ses rapides, quelques-uns très dangereux. Les patrons désignés, chaque membre de l'expédition prend
une pagaye et l'on avance, le plus souvent, vers l'inconnu. Au
premier rapide, tout le monde descend dans l'eau et l'on hâle, à
la cordelle, le canot chargé, de roc en roc, d'arbre en arbre, jusqu'au bassin supérieur où les eaux sont calmes. Si le rapide est
trop dangereux, la prudence commande d'alléger le canot.

Dans les sauts infranchissables, les marchandises sont transbor-

Départ pour le placer

(d'après une photographie de l'auteur.) (Paru au *Tour du Monde*.)

dées par terre et l'embarcation est passée à vide ou est traînée à sec sur des rondins coupés pour la circonstance.

Le soir, on campe vers quatre heures et demie; à la saison sèche, sur les bancs de sable ; à la saison pluvieuse, sur la rive dans la forêt même, où, deux par deux ou individuellement, les mineurs ont vite construit des toits de feuilles de palmier entre deux arbres auxquels ils attachent leur hamac. Le sabre ou *machette* a bientôt fait une place nette. Les feux sont allumés ; les marmites chantent leur joyeux refrain. Le gibier, chassé dans la journée sur les berges du fleuve, embroché d'une baguette dépourvue de son écorce, grille à point devant des brasiers et la bonne odeur qui s'en exhale, réjouit les mineurs fatigués. Après un bain froid, qui délasse, le coup de sec (tafia) avalé, le copieux repas du soir réconforte les estomacs et délie joyeusement les langues. A présent, c'est pour chacun l'heure délicieuse de fumer une bonne pipe, mollement étendu dans son hamac, en rêvant aux êtres chers, aux choses aimées. C'est aussi l'heure des merveilleux récits de pêche ou de chasse, de trésors enfouis, de forçats évadés (l'administration donne 10 fr. par tête de transporté capturé, somme dérisoire) rencontrés perdus au fond des bois et capturés après un combat émouvant. Le diable, les sorciers et aussi les pratiques diverses de l'envoûtement (pïaï) font quelquefois les frais de ces récits naïfs que les mineurs noirs aiment passionnément.

C'est dans un de ces campements que j'ai entendu parler pour la première fois des Maskililis, ces troglodytes de la Guyane qui ne sortent de leurs retraites que la nuit et habitent les montagnes les plus reculées de la forêt. Ce sont des nains plus petits que les Akas de l'Afrique. Ils ont la peau rouge et de longs cheveux noirs. Ils vont nus la nuit par bandes, conduits par un chef qui pousse de temps à autre un cri de ralliement particulier, toujours le même, et la bande répond en chœur. Ils parcourent ainsi des distances considérables, sans laisser de traces, avec une agilité extraordinaire, ne coupant aucune branche, si épais que soient les fourrés qu'ils traversent. Ils viennent ainsi jusqu'aux plantations de café, de maïs et de canne à sucre de la côte, qu'ils pillent en un tour de main, sans dévaster ni détruire les arbres. Ils enlèvent des enfants et les rendent ensuite quelques années après, hébétés, idiots, ayant perdu le plus souvent l'usage de la parole. On connaît à Cayenne une femme, Marie, surnommée *Maskilili*, qui a été ainsi enlevée par eux et j'ai gardé longtemps, comme contre-maître, un mineur, Simona Idaric — je cite le nom — qui se rappelle avoir habité deux ans (de 4 à 6) dans des cavernes obscures, avec une famille de Maskililis, où on l'avait nourri de crabes, de coquillages d'eau douce, de poissons crus, de fruits de la forêt, de racines et de café crus.

Les Indiens et les noirs ont une terreur superstitieuse des Maskililis et quand, par aventure, on entend leur sifflement ou cri de ralliement, dans la nuit autour des campements ou des villages, pour rien au monde un indigène ne consentirait à aller voir ou reconnaître ces êtres mystérieux.

Ces troglodytes, s'ils existent, appartiennent à une race bien inférieure ? Peut-être est-ce là le passage tant cherché du singe à l'homme ? Ils ne connaissent ni le fer, ni le feu, et n'ont point de langage articulé. Est-ce une vérité ? est-ce une légende ? Ce qu'il y a de certain et de formellement reconnu, c'est que des enfants disparus ont été ensuite retrouvés deux ou trois ans après, à l'endroit même de leur disparition ; c'est encore le pillage intelligent par ces êtres inconnus, grain par grain, des plantations de café ; les traces qu'ils ont laissées et leur cri de ralliement, tenant moitié du sifflement, moitié de la voix humaine, et que j'ai moi-même entendu. J'ai essayé plusieurs fois de les voir, mais je n'ai jamais réussi.

Homme dégénéré ou singe très avancé, le Maskilili existe. Il y a là un mystère à éclaircir et un problème scientifique à résoudre ?

La navigation continuant, on arrive vers les sources des rivières. C'est ici que la forêt vierge se montre dans toute sa beauté et étale à profusion, aux yeux de l'Européen ébloui, ses richesses incomparables.

La rivière étroite, tantôt s'arrondit en bassin, tantôt roule ses ondes cristallines sur les cailloux. Au-dessus, les branches et les lianes se croisent, se courbent, s'entrelacent et s'échevèlent de la façon la plus capricieuse, la plus innattendue, la plus fantasque et forment une large voûte de feuillages et de fleurs impénétrable aux ardents rayons du soleil.

Nous sommes dans la fraîcheur et les parfums, C'est une féerie, un rêve ! De temps à autre, par une échappée, une fusée de rayons

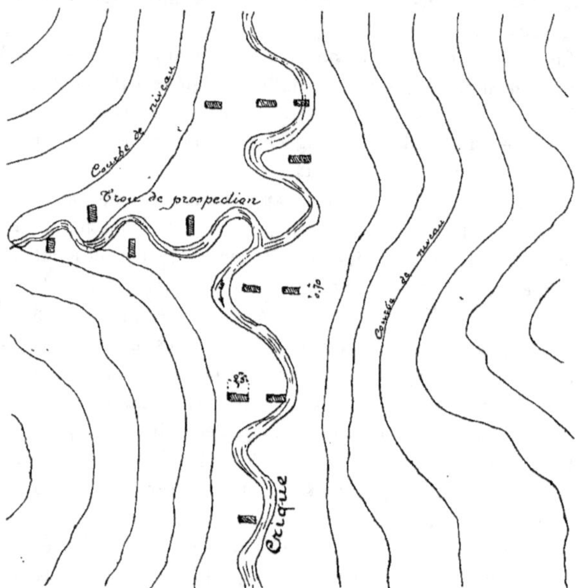

DISPOSITION DES TROUS DE PROSPECTION LE LONG D'UNE CRIQUE.

passe et vient mettre en joie tout un monde d'insectes dorés et d'animalcules, dans la mousse et les racines pendantes d'un vieux tronc vermoulu qui se penche sur l'eau ; ou, au milieu d'une végétation de palmiers nains et de fougères, réveiller le crotale ou le corail endormis à côté d'une toute petite fleur chétive qui s'épanouit.

Et l'iguane vert, à la chair savoureuse, friand de soleil, grimpe lentement, attentif au moindre bruit, sur les branches d'où il se laisse tomber tout à coup dans l'eau morte, comme un plomb à l'approche d'un ennemi ou d'une bande de singes qui cabriolent d'arbre en arbre.

Le jaguar, la panthère noire, le puma, le boa, des couleuvres et des serpents, quelques-uns inconnus au Muséum, le pac, le kapiaï, le tapir, le hocco, l'agouti, l'agouchi, des sangliers, des cerfs, des rongeurs de toute espèce, des singes, des cochons sauvages, des aras, des perroquets, des perruches, des oiseaux chanteurs, notamment l'aradda (nom indigène), le petit rossignol dont le chant mélodieux ne se répéte jamais — « Tout se tait pour écouter quand l'aradda chante », dit l'Indien — et les colibris qui passent comme des éclairs d'émeraude ou de feu allant de fleur en fleur, d'orchidée en orchidée, sont les heureux habitants de ces rives enchantées.

Mais il ne faut pas s'endormir dans les délices de cette autre Capoue ; et le mineur, tout en jouissant de ce magnifique spectacle, poursuit sa route, la pagaye ou la perche à la main, poussant le canot.

Mais voici qu'en travers des rives, des arbres tombés barrent le passage ; il faut les couper à la hache ou à la dynamite. Quelquefois l'arbre est très gros et très dur, tel un roc ; alors, il est préférable de décharger le canot et de le passer au-dessus ou bien au-dessous de l'arbre, en le coulant, quand la profondeur de l'eau le permet.

La rivière se rétrécit toujours, les plus expérimentés vont de temps à autre examiner les quartz et l'aspect général des terrains environnants et il est rare qu'au premier coup d'œil, ils ne reconnaissent point s'ils sont aurifères ou non. Dans le doute, on campe un ou deux, ou même plusieurs jours et on prospecte régulièrement.

Tous les placers, grands ou petits, ont débuté ainsi.

Si l'aspect est favorable, on commence par reconnaître la région en la coupant de lignes ou parcours en ligne droite, marqués au sabre sur les arbres, dans les principales directions, afin de reconnaître les criques ou différents ruisseaux, qui peuvent contenir l'or alluvionnaire. Quelquefois, ces excursions sont poussées très

loin dans l'intérieur. Quand cette première exploration est terminée, le croquis du terrain connu, dressé, on baptise les criques et
alors commence la véritable prospection, celle qui doit donner des
résultats certains, définitifs, au moyen des trous de sondage. Ces

UNE BATTÉE DE PROSPECTION
(d'après une photographie.)   (Paru au *Tour du Monde*.)

trous sont disposés de distance en distance en travers du lit majeur
de la crique.

On répète la série des trous en travers tous les 25 ou 30 mètres
et si la couche de gravier aurifère donne par battée de trois décimètres cubes de terre et de gravier, une moyenne de 50 à 60 centimes d'or, l'emplacement est exploitable au sluice avec bénéfice
certain ; si les batées arrivent à des moyennes plus élevées,
2 francs et 3 francs, alors, c'est la fortune à brève échéance
pour le chercheur d'or.

Il ne lui reste plus qu'à choisir un emplacement convenable, en pente toujours, et à débrousser un espace assez vaste, où les arbres et les branches seront brûlés sur place, de façon à stériliser toutes les racines et les germes en terre. Sur l'emplacement ainsi assaini, il construira ses magasins et ses *carbets* d'habitation, puis laissant quelques-uns de ses compagnons à la garde du nouveau gisement, il ira au chef-lieu chercher d'au-

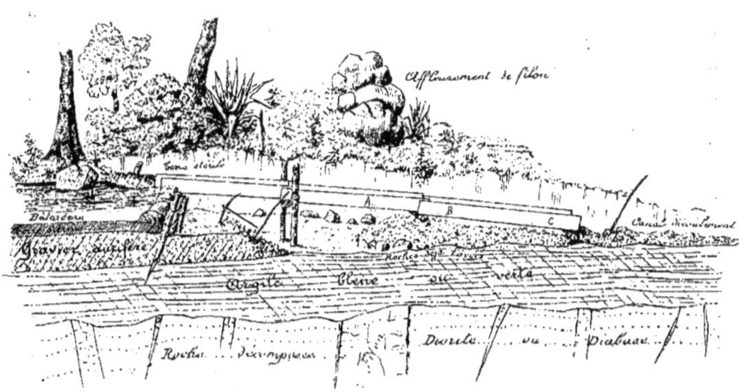

UN CHANTIER AURIFÈRE, COUPE EN LONG EN AVANT
(dessin de l'auteur).

tres ouvriers et changer son permis de recherches en permis d'exploitation à 50 centimes l'hectare. Le plus souvent il installera au plus vite un chantier à l'endroit où le placer est le plus riche, de façon à se procurer, en 15 ou 20 jours de travail, une production d'or natif qui lui permettra de faire face à ses obligations.

Le procédé employé pour le lavage est généralement le *sluice* (plan incliné simple) composé de plusieurs dalles de quatre mètres, ajustées bout à bout, quelquefois deux seulement avec amalgamation de mercure.

Cinq personnes occupent généralement un chantier de trois dalles, deux piocheurs qui chargent également, chacun leur tour, l'instrument et ne peuvent *passer* ainsi plus d'un mètre cube chacun de gravier dans une journée de huit heures ; deux personnes sur les dalles à débourber et à enlever les grosses roches, et une cinquième personne derrière l'instrument à retirer le sable et entretenir l'écoulement de l'eau.

En se réglant bien sur la quantité d'eau avec une pente suffisante, les mineurs d'expérience, avec ce système de trois dalles, ne laisseront échapper que le cinq pour cent de l'or fin, un peu plus quand la glaise est collante et se délaie difficilement. Dans ce dernier cas, il arrive souvent qu'il faut ralentir le lavage et procéder, comme avec le long-town, au *bricolage*, comme disent les mineurs.

Quand les dalles sont en plus grand nombre et que l'on a la pente nécessaire, par exemple quand on fait sa prise d'eau à flanc de montagne, on peut augmenter le nombre des piocheurs et autres ouvriers en proportion.

Dans le chantier de trois dalles, réduit à sa plus simple expression, la première dalle, appelée dalle de prise d'eau, et les deux tiers de la seconde, servent au débourbage et à l'enlèvement des grosses roches. Au point A se trouve la première plaque d'arrêt supportée par deux petites traverses de un et demi à deux centimètres d'épaisseur bien ajustées sur le fond. C'est devant cette première plaque, la plus importante, que se tient le contre-maître du chantier qui a soin d'y entretenir le mercure nécessaire et veille plus particulièrement, en la remuant sans cesse de bas en haut avec la main, à ce que la couche de sable et de fin gravier ne durcisse pas. Ainsi, l'or entraîné par son poids, glisse plus facilement dans le fond de la dalle contre cette première plaque où il est retenu et amalgamé. Au point B se trouve le rifle, cuvette plate en fonte, divisée en compartiments obliques et parallèles. Le rifle sert à arrêter et contenir le mercure ou l'amalgame trop fin échappé à la première plaque. Il présente surtout une grande commodité pour lever le gros de la production. La plaque C a également, comme le rifle, le même but.

On lève la production tous les soirs.

Pour procéder à cette délicate opération, on arrête le chargement des dalles et on diminue la prise d'eau d'un tiers.

On enlève, en les lavant avec soin, les grosses roches. Quand il ne reste plus, devant les plaques, que le fin gravier, on diminue encore d'un tiers la prise d'eau, et enfin lorsqu'il ne reste plus devant les plaques que le sable fin et l'or amalgamé, on réduit la prise d'eau à un mince filet, on relève les taquets qui retiennent les plaques, en commençant d'abord par celle de A, puis, un homme nettoie avec soin, avec une brosse en chiendent, l'in-

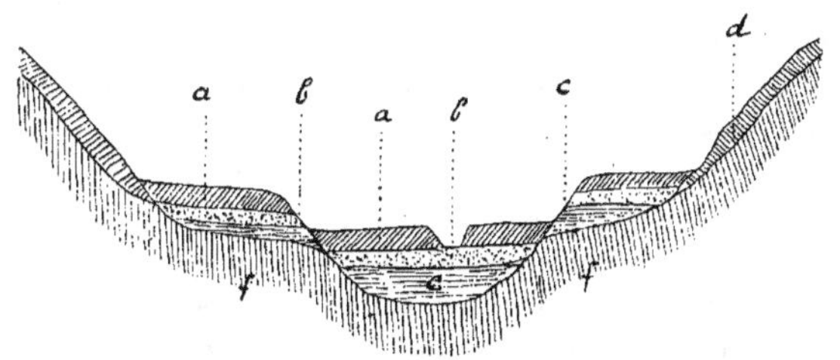

COUPE EN TRAVERS DE LA CRIQUE ALLONS-VOIR A SPARWIN, MONTRANT DEUX CREUSEMENTS DE VALLÉE
(dessin de l'auteur).

a. Terre stérile et humus ;
b. Gravier aurifère ;
c. Glaise bleue ;
d. Terre rouge de montagne ;
f. Diabase ou diorite.

térieur de la dalle, poussant ainsi le sable fin et l'amalgame dans le rifle que le contre-maître enlève pour en verser le contenu dans un seau en bois à demi plein d'eau.

On continue à brosser, on lève la dernière plaque et le contre-maître reçoit, derrière l'instrument, dans sa batée tendue à cet effet, le restant de l'or amalgamé.

Il ne reste plus qu'à nettoyer, avec la batée, l'amalgame du sable qu'il contient et à le débarrasser ensuite de l'excédent de mercure. Pour cela, on étend un carré de linge de coton mouillé sur la batée, de façon à former une poche dans laquelle on verse avec soin le contenu du seau en bois, puis on relève les bords du linge et serrant de plus en plus, en les tordant, les plis de cette poche de haut en bas, le mercure filtre au travers et seul l'or amalgamé reste en culot avec quelques grains de sable et quelques grenats que l'on enlève par un dernier lavage dans la batée. On recommence la même opération de pression dans le linge à production en lavant et secouant fortement cette fois le culot dans le seau à mercure, à moitié plein d'eau, et, l'on emporte au chef-lieu du placer la production de la journée que l'on débarrasse du mercure par évaporation en la chauffant dans une poële en fer destinée uniquement à cette opération.

La métallurgie de l'or, comme on le voit, est assez simple; mais il faut une grande expérience au prospecteur et une grande habileté à l'exploiteur pour installer ses chantiers avec bâtardeaux, prise d'eau, écoulement, pente à donner à l'instrument, suivant que la couche de gravier est plus ou moins délayable ; pour éviter surtout de remanier trop souvent les terres stériles de déblai, etc., toutes choses qui ne s'acquièrent que par une longue pratique. Ici, plus que partout ailleurs, *le temps c'est de l'or*, et il faut au chercheur d'or une grande sûreté de coup d'œil pour diviser son travail et occuper ses hommes dans la forêt vierge de façon à ne pas gaspiller ce temps si précieux.

Sept fois sur dix, il arrive qu'une prospection, quoique bien conduite, aboutisse à un insuccès : la teneur en or, par batée, n'étant pas suffisante. Il ne reste plus, dans ce cas, qu'à recommencer sur un autre point.

On comprend, dès lors, que cinq mille francs ne suffisent pas, pour aller à la découverte de nouveaux gisements. Cependant, on voit tous les jours des mineurs risquer leur va-tout dans une première et unique prospection ; mais ce sont, pour la plupart, de vieux coureurs des bois qui ne marchent qu'à coup sûr.

Enfin, autant qu'on puisse se baser sur les faits déjà connus, il faut, pour le moins, 15 à 20.000 francs pour arriver à des résultats à peu près sûrs, dans les régions aurifères de la Guyane Française.

LA SOCIÉTÉ PHILHARMONIQUE AU PLACER
(d'après une photographie).

La vie des placers a son charme particulier. Après le travail de chaque jour, qui finit à quatre heures, et les dimanches et jours de fête, on a tout le loisir de se distraire : à la pêche, à la chasse, au milieu de cette nature si belle et si grandiose. (Voir le chapitre : *Chasses et Pêches*).

Pour les ouvriers, les soirs du samedi et du dimanche, les accordéons et les tambours préludent à la danse, qui se continue bien avant dans la nuit, alternant avec des chants et des libations de punch au lait concentré, que les mineurs achètent au magasin général avec leur pécule.

La vie des bois est une science qui ne s'acquiert pas en un jour. Pour celui qui ne l'a point apprise, la forêt vierge n'offre que déboires et difficultés ; mais pour celui qui la connaît et qui y est acclimaté, elle est une source de joies et de distractions utiles et multiples.

Pour le mineur, le coureur des bois, le noir et l'Indien, la forêt vierge est une mère douce et complaisante qui leur donne, à profusion, tous les éléments utiles à leur subsistance et à leur bien-être. Ils n'ont qu'à couper, fouiller, ramasser et cueillir.

Au placer, il n'y a qu'un souci pour tous, quand la production se maintient en un taux suffisant : l'arrivée des canots d'approvisionnement qui apportent aussi des nouvelles du littoral et de l'Europe, par des journaux quelquefois vieux de deux mois.

L'anxiété est grande quand les canots sont en retard, retenus par les crues de la saison des pluies. Les vivres viennent à manquer comme à bord du petit navire : mais c'est toujours la faute de l'administrateur ou du propriétaire, qui n'a pas eu la prévoyance d'envoyer des vivres de réserve en temps utile.

L'exploitation de l'or cesse alors ; mais la forêt nourrit les placériens ; les palmiers leur donnent leurs choux, leur fécule et leurs graines oléagineuses, et le gibier et le poisson sont une ressource facile à obtenir.

La forêt vierge prend le mineur comme la mer prend le marin. Quand on y a vécu et quand on y a goûté, on y retourne toujours.

Tombes sans nom, cadavres roulés dans les cataractes, os blanchis reposant au fond des gouffres, dans une fissure de roche ; ou au pied d'un arbre, loin des sentiers battus, les restes rongés par

les fauves et les fourmis, de ceux qui se sont perdus sans boussole :
voilà le destin qui attend le plus souvent les mineurs.

La forêt a beau distiller ses poisons, les chutes et les sauts gron-
der et mugir étincelants d'écume au soleil, les tigres aiguiser leurs
griffes, les serpents leurs crochets dans l'ombre, l'ouragan furieux
casser les arbres, et les branches écrasant tout dans leur chute,
avec un bruit formidable, la forêt vierge sera toujours pour eux
l'amante préférée, celle qu'ils aiment passionnément et qu'ils n'ou-
blieront jamais, même quand la mort, paisible dans un lit de la
ville, viendra les prendre. Ce sera leur dernière pensée à tous.

LE MARONI

Jetons un regard vers le Maroni, le plus grand fleuve de la Guyane. C'est évidemment là que serait l'avenir, si on voulait bien s'occuper en haut lieu d'employer les forces vives de l'Administration pénitentiaire à préparer des territoires de colonisation pour y créer des centres libres. Ce sont les fleuves et les rivières qui sont les grands centres de groupement et de développement de la population.

UNE RUE DE SURINAM
(d'après une photographie de l'auteur).

C'est à l'embouchure du Maroni, rive droite, que s'étend le grand triangle rectangle comprenant le territoire pénitentiaire.

Le grand côté de l'angle droit longeant le fleuve, qui coule du Sud au Nord, a environ 90 kilomètres et le petit côté 35 kilomètres en profondeur dans la forêt vierge E.-O.

Le chef-lieu, situé à 20 kilomètres de la mer Saint-Laurent du Maroni, réunit toutes les conditions pour devenir un grand centre commercial : une situation magnifique, un port commode et sûr et un climat sain. Mais le personnel libre n'est admis sur le territoire pénitentiaire qui comprend toute la partie du fleuve accessible aux navires, de l'embouchure au saut Hermina, qu'en vertu d'une *faveur spéciale* et il est expulsé au premier caprice du proconsul pénitentiaire. Vous ne devez pas toucher à ce territoire, vous ne pouvez pas vous y établir ?...

Saint-Laurent fut fondé par M. Mélinon dont les qualités de colonisateur et d'administrateur sont au-dessus de tout éloge. C'est lui qui donna le premier coup de hache.

D'abord, l'endroit choisi était marécageux et malsain, mais une fois le déboisement fini sur 2 kilomètres de large et 10 à 12 kilomètres de long, Saint-Laurent s'assainit et prospéra.

Aujourd'hui, Saint-Laurent est un séjour délicieux pour le fonctionnaire de la *Tentiaire*, surtout pour celui qui veut faire des économies. Les maisons d'habitation et les bureaux sont disséminés au milieu des jardins, à l'ombre des plus beaux arbres des pays tropicaux. Des routes et des avenues bien entretenues s'ouvrent de tous côtés. Malheureusement, elles ne s'étendent pas loin, quelques kilomètres seulement.

De belles prairies entourent Saint-Laurent. Dans ces prairies paissent les troupeaux de bœufs et de buffles de l'Administration, et le village vu depuis le jardin botanique avec la fraîcheur du matin, avant le lever du soleil, on a l'illusion d'un coin de la Normandie.

Et l'illusion est complète quand le chemin de fer Decauville passe en sifflant empanaché de fumée et de vapeur, emportant messieurs les forçats, tels les élèves d'un gymnase anglais, sur leurs chantiers à Saint-Maurice ou vers Saint-Jean, dépôt des relégués, localités voisines à quelques kilomètres.

On voit bien que les forçats sont ici chez eux, Saint-Laurent est leur Terre Promise.

Si le fonctionnaire est heureux ici, il n'en est pas de même des personnes libres que les besoins de leur commerce ou de leur industrie obligent à séjourner au village pénitentiaire. Ce n'est pas seulement le contact avec les forçats concessionnaires en cours de

peine. ou les libérés, qui est désagréable , mais c'est surtout et toujours les vexations d'une police jalouse, d'une autorité stérile et

VOIE DECAUVILLE DE SAINT-LAURENT A SAINT-JEAN
(d'après une photographie)

tracassière, qui vous assimile et vous soumet aux mêmes règlements
que les bagnards, quand ce n'est pas pire encore.

Il serait pourtant facile, les terrains ne manquant pas, d'avoir un
endroit spécialement consacré au commerce et au personnel libre ;
mais la régénération du forçat, la colonisation pénale vous dira-t-

on ? Là-dessus on vous fera de l'humanité à bon marché, comme si l'humanité était la justice même ; plusieurs volumes de philosophie y passeraient pour en arriver à prouver, partant d'une idée fondamentale fausse, des théories qui le sont en raison du triple carré des absurdités qui les séparent.

Est-il besoin d'insister et de prouver en quelques mots, que la colonisation pénale, qu'on s'entête à vouloir faire exclusivement, ne peut réussir : 1° dans un pays non préparé, n'ayant pas de grandes voies de communication et, par suite, de mouvement commercial ; 2° parce qu'il est aussi indispensable que ceux qui commencent la colonisation soient bons ouvriers et qu'ils aient une bonne conduite. Or, le forçat ne possède aucune de ces qualités, si ce n'est par exception. Il subit sa peine, c'est-à-dire son travail ; il ne l'exécute pas avec bonne volonté, avec goût ; il n'a d'autre espérance que l'évasion ; faire un bon coup, se procurer de l'argent et gagner les pays voisins.

La colonisation pénale est condamnée depuis assez longtemps par l'expérience (1).

Tout autre serait l'avenir, si on employait les forces vives de la transportation pour préparer des centres de colonisation que l'on peuplerait ensuite, comme on le fait en Algérie, avec du personnel libre.

On pourrait accorder aux colons libres — nous n'excluons pas les libérés de bonne conduite — les mêmes avantages qu'au transporté concessionnaire en cours de peine, ou, tout au moins, une partie de ces avantages ? C'est-à-dire lui accorder son voyage de transport gratuit, lui avancer les outils les plus indispensables, lui payer une indemnité proportionnelle une fois sa case terminée, et lui accorder la ration pendant un an.

Le paysan et l'ouvrier pauvre de France ne savent où aller pour faire fortune, ou pour se procurer tout au moins, une modeste ai-

----

(1) Les leçons de l'expériemce ont porté leurs fruits. Il est juste de reconnaître que, grâce à la persévérence et à la louable initiative du haut personnel de l'administration pénitentiaire des colonies, de profondes améliorations ont été introduites dans le régime de la transportation, améliorations qui, tout le fait espérer, ne sont que le prélude de réformes plus parfaites, en ce qui concerne surtout l'emploi rémunérateur de la main d'œuvre pénale.

sance. Le plus souvent, ces malheureux deviennent la proie d'agents d'immigration étrangers qui les trompent, les exploitent, les réduisent à un état pire que l'esclavage, dans les républiques de l'Amérique du Sud, sans aucun recours aux lois, où ils grossissent le plus souvent le nombre des insurgés révolutionnaires, ou bien ces mêmes agents les conduisent à la mort la plus horrible sur la côte déserte et stérile d'un nouveau Cap-Breton.

Quand on songe que le prolétaire français est voué à la grève et trop souvent, hélas ! à une dalle de la Morgue ou à une cellule dans les prisons ; quand on songe que lorsque le prolétaire français meurt de faim et de désespoir, il y a de par le monde, en Guyane, des parricides concessionnaires qui mènent une vie relativement aisée et indépendante aux frais des contribuables, on ne peut s'empêcher d'établir la différence entre l'utilité et les conséquences de l'une et de l'autre de ces colonisations.

Jusqu'à présent, depuis plus de quarante ans, l'administration pénitentiaire n'a fait que se déchirer elle-même, en annihilant tous ses efforts, en faisant et défaisant successivement des entreprises absurdes et coûteuses, en disséminant ses forces dans des postes éloignés et des chantiers forestiers, abandonnés, repris, puis abandonnés encore. Il n'y a eu qu'hésitations et tâtonnements ; Pierre défaisant ce qu'avait fait Paul, et Paul ce qu'avait fait Philippe. On a marché sans but et sans guide ; il n'y a jamais eu de plan de colonisation arrêté d'avance.

En somme, le régime pénitentiaire actuel, est un régime jugé par ses fruits, condamné par ses œuvres, et vouloir le continuer, soyez-en certain, est bien plus imprudent que de vouloir le réformer.

En remontant le Maroni, visitons en passant le petit port d'Albina, établissement hollandais situé en face de Saint-Laurent : quelques jolies maisons blanches de commerçants qui font l'échange de l'or et approvisionnent les placers. Il y a un commissaire et quelques troupes d'indigènes Hollandais.

Voici l'habitation Bar, à gauche, située sur l'île Portal (9 kilomètres de long sur 4 de large) endroit délicieux et fertile, où l'on fait encore de l'agriculture, notamment du roucou très estimé ; mais les travailleurs désertent peu à peu pour aller aux mines d'or. C'est le dernier centre agricole de la Guyane, et il se meurt comme sont morts tous les autres, tués par l'or.

A droite, le long de la rive hollandaise, quelques villages indiens

SAINT-JEAN DU MARONI. — DÉPOT DES RELÉGUÉS.
(d'après une photographie).

avec leurs huttes en ogive, quatre ou cinq petites habitations de Hollandais et un village de nègres *boschs*. A gauche, au-dessus de Saint-Jean, dépôt des relégués, rien que la forêt vierge pénitentiaire, territoire d'exploration des évadés.

Encore un petit établissement forestier de l'Administration rive droite, et nous arrivons au ravissant village d'Apatou, à 90 kilomètres environ de l'embouchure, au pied du saut Hermina, où nous attend une hospitalité vraiment écossaise. Apatou qui eut son heure de célébrité à Paris avec le regretté docteur Creveaux, commence à grisonner, mais, malgré son âge, sa taille d'hercule se redresse très fière. Il est encore le premier de sa tribu pour la force et pour l'adresse à tirer de l'arc ou un coup de fusil et pour gouverner un canot dans les rapides. Comme il est d'habitude à peu près nu, pour nous faire honneur, il endosse un paletot à la boutonnière duquel fleurit le ruban tricolore de la médaille d'honneur que lui donna la Société de Géographie. Depuis, il fut encore officier du Cambodge.

Au saut Hermina, nous sommes à la porte de la Guyane mystérieuse et presque inconnue. C'est ici que commence le véritable Maroni, le Maroni superbe, le fleuve majestueux aux mille îles verdoyantes, aux cascades resplendissantes d'écume.

Le Maroni ! Dix ans de ma meilleure jeunesse se sont écoulés là, dans ces rivières torrentueuses ; dans ces forêts vierges égrènant des parfums sur le passage des brises ; dans ces monts boisés que nul pied de blanc n'avait foulés avant moi.

Le Maroni ! Quelles visions et quels souvenirs durant les beaux jours de la saison sèche, de juillet à janvier. Ce sont les charmantes navigations en pirogue sur l'eau claire et limpide où l'on voit nager et se jouer les poissons ; les douces haltes à l'ombre sur les bancs de sable pailletés de l'or des micas. Et les campements du soir sur les ilots, autour desquels l'eau ruisselle en murmurant ; puis la nuit sous le ciel troué d'étoiles : la flamme rouge et tremblante des feux illumine les feuillages, qui se penchent avec des effets de feu de Bengale. Dans les hamacs appendus aux troncs d'arbre et qui font des tâches grises de ci de là, les chercheurs d'or rêvent d'Eldorados sans s'inquiéter des hurlements sinistres des singes rouges qui épouvantent les échos d'alentour.

Et le long des berges et sur les îles du fleuve, les coquets villages des nègres boschs, enfouis sous les bananiers, les orangers et les citronniers, avec leurs cases en paille de palmier tressé, disséminées ça et là sur un terrain net et balayé tous les jours avec soin.

Et les beaux jeunes hommes et les belles jeunes filles se baignant pêle-mêle ; puis étalant naïvement au grand soleil (la pudeur est une hypocrisie inconnue) leur robuste beauté bronzée, sur laquelle roulent comme des parures, les perles d'eau du fleuve.

Arrêtons-nous un moment auprès d'un de ces passages si dangereux qui entravent le cours du Maroni.

Voici un canot là-bas, au-dessus des rapides : ce sont de jeunes mineurs créoles avec leurs femmes. Ils rapportent, d'une campagne difficile et pénible, quelques kilos d'or, une fortune pour eux. Ils sont heureux. Le canot s'engage dans la passe avec la rapidité de l'oiseau qui plane à la surface des eaux. Tout le monde fait silence, un silence de mort. La mort, en effet, les guette, les attend derrière les roches, parmi les tourbillons d'écume : elle rit la gueuse. Un faux coup de pagaïe : ça y est ! Le canot se heurte, se brise et disparaît dans l'abîme. La désolation succède à la joie. Les cris désespérés ont remplacé les chansons, tout est perdu sauf deux naufragés qui ont réussi à se sauver et qui pleurent sur leurs compagnons et leur fortune engloutis, au milieu de l'éternelle joie des choses et du recommencement de tout.

Ils recommenceront, eux aussi, un autre voyage, plus prudents cette fois.

Un autre canot descend le courant ; il approche ; ce sont des hommes d'expérience ; ils ne chantent pas, seulement, leur cœur bat plus vite. Avant de prendre la passe, le patron s'est dressé debout ; il a jeté un rapide coup d'œil vers l'ennemi qui gronde, montrant la gauche de son bras étendu à ses canotiers qui l'observent attendant son signal. Il fait le signe de la croix et se recommande au Dieu des rapides. Il s'est assis. Le corps penché en avant cramponné, sa pagaïe ploie sous son effort : le canot vole, disparaît dans l'écume au milieu des roches, reparaît et passe comme une flèche. Tout danger est écarté. Les poitrines s'allègent d'un gros soupir.

Avec une joie contenue, les canotiers se détournent alors, levant haut leurs pagaïes, avec un regard de triomphe et de défi à la mort qu'ils viennent de braver.

Depuis Apatou, il faut une bonne journée de canotage pour atteindre les premiers villages des Paramacas. Ensuite viennent quelques villages de Saramacas, qui ont émigré depuis peu de temps du centre de la Guyane hollandaise. Enfin, au confluent de l'Awa (Maroni) et du Tapanahony, cinquième jour de canotage, les deux fortes tribus des Polygoudoux et des Boschs comptant ensemble de 4 à 5000 individus. Sur le cours moyen de l'Awa sont les Bonis dont le village d'Apatou n'est qu'une colonie.

Plusieurs jolis villages ; en tout, cinq cents individus. La capitale où réside le Grand-Man, se nomme Grodet. Ce nom lui fut donné par les Bonis en reconnaissance des encouragements et de la pro-

NÈGRES BOSCHS DU HAUT-MARONI
(d'après une photographie de l'auteur).

tection que leur accorda M. Grodet, gouverneur, lorsqu'ils durent émigrer de la rive gauche devenue hollandaise à la rive droite de l'Awa, afin, disaient-ils, de rester Français et fidèles à la France.

Toutes ces tribus de nègres tirent leur origine des marrons de l'esclavage retournés à la barbarie. Ils ont perdu leur langue ancestrale, parlent un idiome composé de créole français, anglais et hollandais, et sont tous revenus aux pratiques du fétichisme. Ils ont des chefs qu'ils appellent Grand-Man, dont la charge est héréditaire par le fils de la sœur, comme en Afrique. Combien de fois, éveillé la nuit par leurs danses et par leurs orgies trop bruyantes, me suis-je cru encore aux rives de l'Ogôoué ou du Niadi.

Après les Bonis, on peut naviguer plusieurs jours en canot, sans trouver de village ; c'est la zone neutre entre les peaux rouges et les peaux noires.

Sur l'Itani, après la longue série de sauts et de chutes, du confluent de cette rivière avec le Marouani, sur la droite, rive gauche, nous laissons la rivière des Coulais, improprement appelée Oyari-coulais (Oyari veut dire rivière). Ces indiens sont rebelles à toute civilisation et refusent toute communication avec les autres tribus. Ils sont encore dans l'âge de pierre ; ils ne savent point confectionner de canots et naviguer. Ce sont des brutes absolument féroces ; aussi, malheur à quiconque s'aventure dans leur région. Ce sont probablement des autochtones ?

Les Roucouyennes qui habitent les deux versants du Tumuc-Humac, les Oyampis sur le haut Oyapock, les Emérillons, les Caoucichianes, les Trios avec quelques autres tribus secondaires, forment un groupe de quatre à cinq mille individus (versant de l'Atlantique seulement).

C'est une race bien intéressante, ayant gardé des coutumes, des traditions, une industrie, ainsi que des chants attestant qu'elle a connu les temps meilleurs d'une époque plus prospère et plus civilisée. Les Oyampis, notamment, qui parlent la langue *tupi* (toupi) et qui sont venus du Pérou fuyant les cruautés des conquistadores.

La poésie de leurs chants est belle et le sens en est plein de sagesse et de moralité. Je citerai comme exemple la chanson du Yaya (petit poisson) et du martin-pêcheur, analogue à notre « Loup et l'Agneau » de la Fontaine.

Que dire de ceci qui est, pour ainsi dire, une traduction littérale :

Chant indien

Jeune indienne, je suis vierge et je suis belle,
Et je chante l'amour comme la tourterelle
Qui roucoule et gémit appelant son amant.
Je chante les rayons tombés du firmament ;
Je chante les plaisirs, je chante le bois sombre
Où les âmes, la nuit, viennent errer sans nombre ;
Je chante la forêt, les lianes, les fleurs.
Les palmes que le vent secoue et met en pleurs.

Jeune indienne, je suis vierge et je suis belle,
Dans mes yeux de saphir le bonheur étincelle.
Comme le jonc fleuri se penchant sur les eaux,
Dans la source limpide où boivent les oiseaux
Je me suis admirée, et la tresse fidèle
De mes longs cheveux noirs s'enroule autour de moi.
Des braves et des fiers le plus fort et le roi
Carina m'a parlé : que j'étais la plus belle.

Et mes lèvres n'ont point baisé l'amant chéri ;
Mais en me regardant Carina m'a souri.
Carina le plus fort, le plus grand, le plus brave,
Fierté de la tribu. Nul ennemi ne brave,
En vain son œil de flamme et jamais un affront
N'a fait courber sa tête et détourner son front.
Et ses jours sont comptés par des jours de victoire !
Carina mon amour, mon amant et ma gloire !

Mes lèvres en tremblant et le cœur en émoi
Je chante et je t'appelle, ô mon maître, ô mon roi !
Sur la mousse et les fleurs en couche parfumée,
Frissonnante d'amour attend ta bien-aimée.
Viens ! Oh ! viens ! — Est-ce lui ? J'entends marcher tout bas
Et les feuilles séchées crépiter sous des pas.
Horreur ! c'est un jaguar qui d'un seul bond se dresse
Les ongles menaçants d'une affreuse caresse.

Un seul cri : Carina ! — Un trait comme un éclair
Passe, siffle et s'arrête et le fauve dans l'air
Exhale un dernier souffle en sa gueule sanglante
Et l'Indien muet penché sur son amante

Lui donne son premier baiser... Et le jaguar
Auprès d'eux accroupi, l'œil grand ouvert, hagard
Quoique mort épouvante encor les alentours,
Comme un sphinx gardant leurs nuptiales amours !

INDIENS ROUCOUYENNES (d'après une photographie).

Leurs villages sont propres avec leurs cases en ogive à un étage, gardés par des chiens à oreilles pointues, pareils à des loups à poil ras. Moins bruyants que les nègres, ils sont plus réfléchis, ont plus de suite dans leurs idées et, par cela même, ils sont plutôt silencieux et rêveurs. Ils ont le culte des ancêtres et des esprits bons ou mauvais. Il y a les esprits de la montagne, de la forêt, des eaux, aussi voit-on quelquefois des inscriptions sacrées sur les grosses roches des fleuves.

Souvent, par les soirs de clair de lune, je me suis laissé empoigner par la douceur mélancolique de leurs chants, alors que les jeunes filles aux grands yeux de gazelle, aux longues tresses de cheveux noirs, qui s'enroulent autour de leurs seins, dansent silencieusement suivant le rythme. Et cette mélancolique rêverie m'apparaît comme un symbole de la fatalité, qui entraîne dans l'oubli de la mort cette race qui s'en va.

Et comme me disait, de sa voix prophétique, un bien vieux tamouchy (cacique) à qui je voulais parler de civilisation et d'avenir :

« Non, non, mon frère blanc, notre race a fait son temps sur la terre. Bientôt les hommes de ta nation viendront et couperont nos forêts. Déjà, disait-il, secouant tristement la tête, les maladies de l'année dernière (l'influenza), ont fait mourir une bonne moitié d'entre nous. Mes enfants sont partis avant moi. C'est fini ! c'est fini ! Notre race va s'éteindre et bientôt les derniers Indiens iront rejoindre leurs ancêtres dans la terre des esprits. »

En terminant, nous devons une mention spéciale aux Arouagues ou Arouaques. Cette tribu indienne, autrefois très nombreuse et très puissante, originaire de Colombie, avait créé des colonies sur toute la côte du golfe du Mexique où elle avait soumis à sa domination de nombreuses tribus. On retrouve encore des Arouaques au Nord de l'Amazone — ceux-là venus par le Rio-Negro — sur le Maroni quelques familles, à Surinam et Démérari et tout le long de la côte jusqu'à la Scierra Ste-Marthe, dans la péninsule Goagire où ils sont encore assez nombreux. Mon ami le comte Joseph de Brettes, l'explorateur bien connu, les a étudiés. Plus foncés de couleur que les Gallibis et les Caraïbes, d'un teint beaucoup plus bronzé, ils se distinguent encore des autres Indiens, en ce qu'ils sont plus industrieux, plus civilisés — ils portent des vêtements — et qu'une haine séculaire les sépare complètement des descendants de ceux qu'ils avaient autrefois subjugués. Quand vous demandez à un Gallibi en lui désignant un Arouaque : « A quelle tribu appartient cet Indien ? » il vous répond, les dents serrées avec mépris : « Ça ! ce n'est pas un Indien ! » et si vous persistez : « Arouaque ! » répond-il avec dégoût.

C'est aux Arouaques que j'attribue les ruines du tombeau indien de Mapa-Grande (V. 4ᵉ partie).

Ces Indiens, ou plutôt leurs femmes, fabriquent des gargoulettes et des poteries très estimées.

CONCLUSION

Voilà donc la Guyane dépeuplée et inculte, mais non stérile et insalubre ; car, partout où existe un déboisement suffisant, la vie est très possible aux Européens.

Que dirais-je encore, en terminant, pour laver notre chère Guyane de la mauvaise réputation et du discrédit qu'ont jetés sur elle, comme une lèpre douloureuse, les racontars de certains explorateurs plus malveillants que véridiques ? Rappellerai-je les déplorables essais de colonisation qui, mal compris et mal conduits, ont abouti à des désastres, et, enfin, les tripotages récents de certaines affaires par actions, qui n'ont eu d'autre but, en drainant des capitaux, que d'enrichir des agents d'affaires et des commissionnaires véreux, organisateurs de banqueroutes.

En somme, la Guyane est un magnifique et beau pays où il fait bon vivre ; où l'Européen s'acclimate facilement, où l'on trouve des cœurs généreux, désintéressés et aimants, des cœurs qui battent d'orgueil au seul nom de la France.

Son sol, en dehors de l'or qui peut et doit s'épuiser un jour, produit des richesses naturelles incalculables ; bois de construction, caoutchouc, balata, etc. La culture, si facile, du cacao, du café, du roucou, de la vanille, du maïs, du tabac, des légumes d'Europe, du manioc, des patates, des bananes, y sont autant de sources de richesses et de bien-être qu'elle offre à ceux qui ont un petit capital et de la bonne volonté à lui consacrer.

Qu'un plan de colonisation, adopté une fois pour toutes, serve de base à l'emploi plus approprié des forces vives de l'Administration

UNE RUE DE DEMERARI (d'après une photographie prise du tramway par l'auteur).

pénitentiaire, qui dispose de trois mille forçats, pour créer des voies de communication rapides et des territoires de colonisation, et une ère de prospérité insoupçonnée s'ouvrira pour elle, comme elle existe déjà pour sa sœur cadette, la Guyane anglaise (1).

Pour moi, j'ai foi en son avenir, et je suis sûr que les hommes nouveaux qui présideront à sa destinée, comprendront l'importance des réformes qui s'imposent pour la conduire dans la voie du progrès et du bonheur qu'elle mérite.

(1) M. David Levat, ingénieur civil des mines, étudie en ce moment un tracé de chemin de fer qui, passant par l'Orapu et l'Approuague, se bifurque à droite vers le Maroni et à gauche vers l'Oyapock et son affluent de droite la rivière Yaoué pour aboutir de Cayenne aux placers. Nous partageons d'autant plus ces idées, que M. Levat ne fait que reprendre aujourd'hui, en le modifiant légèrement, notre projet de 1889. (Voir notre brochure « *La Colonisation et l'Administration pénitentiaire à la Guyane*, 1889).

DEUXIÈME PARTIE

L'AGRICULTURE A LA GUYANE

TERRES HAUTES ET TERRES BASSES. — PRÉPARATION DES TERRES

PRINCIPALES CULTURES. — LES VÉGÉTAUX FRUITIERS

CULTURES POTAGÈRES. — PLANTES FOURRAGÈRES

ÉLEVAGE DU BÉTAIL. — LES ANIMAUX DOMESTIQUES

TERRES HAUTES ET TERRES BASSES
PRÉPARATION DES TERRES

Les terres les plus fertiles de la côte sont les alluvions de vase marine ou les terres sableuses riches en terreau, auxquelles on donne, dans le pays, le nom générique de terres basses, qui demandent un drainage et une préparation spéciale au moyen de fossés et de coffres-vannes faciles à établir.

Les terres provenant de la décomposition des gneiss, des granites donnent une arène sableuse et sont pauvres comme les terres de schistes et de micaschistes qui sont généralement trop argileuses.

HOTEL PARTICULIER DE DÉMÉRARI)
(d'après une photographie de l'auteur).

Les terres hautes avoisinant les roches lourdes et ferrugineuses comme les diorites, les diabases très communes à la Guyane, sont également très fertiles.

Il faut y ajouter les terrains d'alluvion des rives des fleuves et de leurs îles.

Ce qui manque partout, c'est le calcaire. Aussi toutes ces terres peuvent être améliorées par le carbonate de chaux ou le chaulage employé comme engrais. Les prairies artificielles, herbe de Para surtout qui épuise vite les terres, herbe Bar à Saint-Laurent, foin, et aussi les savanes devraient être chaulées, et cette opération y donnerait des résultats surprenants.

Il est curieux de penser qu'on n'a jamais songé à cela à la Guyane.

La première opération pour mettre un terrain en culture est d'en abattre et d'en brûler le bois. Cette opération se fait dans la saison sèche, de juillet à octobre. On laisse sécher l'abatis pendant six semaines environ, puis on le brûle.

Rien au monde ne ressemble moins à un champ, tel qu'on les voit en Europe, qu'un terrain ainsi défriché. Le pied des arbres coupés se dresse à 0.80 centimètres ou un mètre au-dessus du sol brûlé enchevêtré de racines ; de ci de là, de gros troncs noircis demeurent couchés à terre et il faut sauter par dessus quand on parcourt l'abatis. Il y a aussi des trous de tatou et de rongeurs ; malgré cela le sol, fertilisé par les cendres et les débris organiques, est dans de très bonnes conditions pour assurer une bonne végétation au plantage et le réseau même des racines mortes aide à la perméabilité du sous-sol.

Dans les terres basses où les bois sont mous et pourrissent promptement, après avoir jeté le bois à terre, on l'y laisse pourir, et ce n'est que quelques années plus tard qu'on achève le défrichement en coupant au sabre les repousses des bois.

Cette méthode, recommandée par Guizan, fertilise le sol et donne les meilleurs résultats.

Ces terres situées généralement au-dessous des grandes marées ont besoin d'être desséchées et de subir une préparation spéciale. On creuse le terrain marécageux de fossés dont le déblai sert à l'entourer de digues empêchant les eaux extérieures d'y pénétrer. Les fossés conduisent les eaux intérieures à un coffre de soupape ou à

plusieurs coffres qui font fonctions d'écluses automobiles. Avec le
flux, le niveau des eaux monte, la soupape se ferme d'elle-même ;
avec le reflux, les eaux extérieures se retirent et les eaux inté-

ATTELAGE DE BUFFLES (d'après une photographie),

rieures ouvrent la soupape et reprennent leur cours normal pendant six heures.

Il est plus avantageux pour une grande exploitation, de construire

5

des écluses en maçonnerie avec des vannes. De cette façon, les eaux de l'intérieur, lâchées en temps convenable, à marée basse, lavent les fossés et les récurent en enlevant la vase molle qui s'y accumule.

Il serait facile, par un procédé analogue, de nettoyer et de tenir propre la crique ou petit port marchand de Cayenne trop souvent, hélas ! envahie par les vases qui s'y déposent à chaque marée. Je signale ici ce fait que l'honorable conseil municipal de Cayenne devrait prendre en considération.

Par ce moyen, on peut encore irriguer la terre pendant la séche-resse.

Les terres ainsi préparées, il n'y aurait rien que de très simple à les labourer avec des buffles qui se sont très bien acclimatés à Saint-Laurent-du-Maroni et qui, paraît-il, rendent de grands services au Para où grâce à eux on a pu labourer et rendre productives des savanes médiocres.

Malheureusement, la charrue est encore inusitée et le pays et le défaut de main-d'œuvre n'y permet que la petite culture.

L'humidité excessive du climat et l'activité permanente de la végétation font de la récolte une opération très différente de ce qu'elle est en Europe. On ne peut pas y appliquer les méthodes expéditives de récoltes familières aux régions tempérées. Le riz lui-même, la plante du pays qui ressemble le plus à nos céréales, ne mûrit pas avec ensemble, et sa récolte sur le même champ y dure plusieurs semaines. Le café, le roucou, le cacao et le coton surtout, ont des cueillettes prolongées qui coûtent énormément de main-d'œuvre.

Dans d'autres circonstances cette persistance de la végétation cons-titue des avantages ; tel est le cas pour le manioc et les bananiers, par exemple, qui rapportent en toute saison. Le planteur n'a pas ainsi à se préoccuper d'accumuler ses provisions dans des bâtiments toujours très coûteux à construire.

Insectes malfaisants

Au premier rang se placent les Fourmis dont l'abondance et les variétés sont inimaginables. Dans ce nombre, les Fourmis-manioc sont les plus malfaisantes. Elles coupent en morceaux les feuilles et les jeunes tiges pour les charrier dans leurs magasins souterrains.

On s'en débarrasse à peu près complètement au moyen du sulfure de carbone que l'on verse liquide dans les trous de fourmis, que l'on bouche ensuite avec soin : l'évaporation de ce gaz très délétère suit les galeries souterraines. On détruit par ce moyen, renouvelé sur tous les points contaminés d'un terrain, toutes les fourmilières qui s'y trouvent.

Les Charançons, les Termites (poux de bois) s'attaquent principalement aux récoltes emmagasinées : Maïs, Riz décortiqué, Pois. Pour éviter ces inconvénients, on doit enfermer ces récoltes dans des dames jeannes de verre, préalablement séchées au feu, pour y détruire tous les germes ou œufs d'insectes qui peuvent y exister.

Le meilleur moyen pour détruire les Termites, qui s'attaquent aux vêtements, aux meubles et aux charpentes, consiste à frotter avec du savon arsenical les pièces de charpente et les abords des nids de ces animaux. Ils ne tardent pas à disparaître complètement.

Les Taons, le Ver macaque, petite larve qui s'introduit sous la peau et s'y développe, les Chiques (Sarcopsyla penetrans), les moustiques et les Maringouins, les Vers intestinaux, font souffrir les animaux et l'homme.

Les meilleurs insecticides, les meilleurs remèdes à employer dans ces différents cas externes sont l'infusion de tabac et le pétrole si faciles à se procurer.

Nous devons une mention spéciale à la mouche vert sale (Lucilia hominivorax) heureusement peu commune, qui introduit ses œufs imperceptibles dans le nez de l'homme, soit qu'il dorme le jour sous un arbre ou qu'il travaille les mains occupées à un travail quelconque. Dans l'espace de vingt quatre heures, ces œufs donnent naissance à des larves qui se développent innombrables et pullulent à tel point que le malheureux qui en est atteint, fou de douleur, meurt en quelques jours dans les plus atroces souffrances. Heureusement que le remède, le seul, le plus efficace, le plus certàin est à la portée de tous : c'est encore l'infusion de tabac.

PRINCIPALES CULTURES

Manioc *(Couac et Cassave.)*

Le Manioc (Jatropha Manihot L.) est une plante sous-frustescente de la famille des Euphorbiacées. De toute antiquité les Indiens de l'Amérique du Sud tirent leur principale nourriture végétale de cette plante qui se nomme *Kière* en caraïbe, *Kieray* en galibi, *Caloli* en arouague et *Yuca* dans les Antilles et dans les républiques espagnoles et au Brésil.

Le Manioc se plante en boutures de 3 à 4 décimètres de long

UN COIN DU MARCHÉ DE CAYENNE (photographie de l'auteur.)

qui s'enracinent avec une extrême facilité. Vers un an et demi à deux ans, quand les tiges, de 1 à 2 mètres avec branches latérales, donnent des fleurs, le Manioc est bon à récolter. Les pieds de manioc s'espacent de 0,80 c. à 1 mètre. La meilleure saison pour le planter est le commencement des pluies en novembre ou décembre. Le produit habituel de chaque pied est de deux ou trois tubercules dont le poids est de 1 à 2 et 3 kilog.

On sème assez fréquemment dans les abatis neufs surtout, des grains de maïs ou même de riz entre les pieds de Manioc. Il en résulte une récolte intercalaire assez bonne qui ne nuit pas à la culture principale. Les nègres boschs et les Indiens plantent un peu de tout, pêle-mêle, dans les abatis : des haricots, des pois de sept ans, des ananas, des patates et des ignames, etc. Il faut avoir soin de faire des sarclages et de chausser la terre autour de la jeune plante.

La conversion des racines en farine comestible ou en *Cassave* (espèce de galette) est assez simple. On commence par racler et peler les tubercules : on les lave ensuite, puis on les rape sur une planche de bois hérissée de petites aspérités de fer, dite *grage*, ou mieux et beaucoup plus vite avec une rape circulaire qu'une transmission fait tourner rapidement.

On laisse fermenter la pulpe râpée pendant vingt-quatre heures et on l'introduit alors dans de longs paniers cylindriques et flexibles qui portent dans le pays de nom de *couleuvres* et qui sont tressés suivant l'industrie traditionnelle des Indiens, en jonc d'Arrouma. On comprime la farine introduite dans la couleuvre en suspendant celle-ci à une anse qui est à son ouverture, et en tirant l'autre bout par un poids dont on la charge au moyen d'un levier. Elle s'étire ainsi diminuant de volume et le suc aqueux du manioc qui est très vénéneux coule à travers le tissu tressé du panier. On laisse sécher la farine ainsi obtenue et après l'avoir écrasée et tamisée, on procède à sa cuisson sur une plaque de fonte circulaire d'un mètre de diamètre environ, chauffée par dessous à une chaleur de 100 degrés environ, qui la roussirait si on ne la remuait et renouvelait incessamment. La farine ainsi cuite se nomme *Couac*. Ce Couac est en petits grains durs qui imitent assez l'aspect de la semoule. Avec la farine de Manioc on prépare aussi une espèce de galette nommée *Cassave* (nom caraïbe, la Cassave si chère à Christophe Colomb et à ses compagnons). La farine plus soigneusement préparée et plus fine, est étalée circulairement sur la plaque, puis comprimée très légèrement avec une palette pour qu'elle s'agrège. Elle est retournée deux ou trois fois pendant la cuisson.

Le Couac et la Cassave sont en quelque sorte le pain des créoles, des nègres et des Indiens ; c'est un aliment sain, rafraîchissant, mais d'une valeur nutritive inférieure. Le kilogramme, qui valait autrefois 25 à 30 centimes, se maintient aujourd'hui à un prix moyen de 0 fr. 60 à 0 fr. 80 centimes acheté en gros, plus cher que la farine de blé et le pain. Heureusement, toutes les habitations en produisent, car on se ruinerait à l'acheter.

Feu M. Bar, un grand propriétaire de la Guyane, estimait à environ 3.000 kilogrammes de Couac, le produit ordinaire d'un hectare de Manioc et à trois journées la manipulation d'un hectolitre de Couac.

Tapioca

Pour préparer le Tapioca, la farine de manioc est délayée dans l'eau, malaxée et comprimée. On retire les parties les plus grossières qui peuvent être cuites et données aux animaux ; on recueille les matières les plus fines, en laissant l'eau déposer dans un récipient où se forme le Tapioca en grains par une sorte de cristallisation.

C'est avec de la farine de Manioc fermentée que les Indiens préparent une espèce de bière qu'ils nomment *Cachiri*.

Camanioc

Parmi les dix à douze espèces de Manioc connues à la Guyane, le Manioc doux ou Camanioc est à citer. Il contient si peu de principes âcres qu'on fait cuire ses racines au feu et qu'on les mange comme des pommes de terre. Autre avantage : il est mûr à cinq ou six mois ; plus tard, sa racine devient dure.

La Patate

La Patate, *Batatas edulis* Choisy (convolvulus Batatas L.) est une plante de la famille des convolvulacées, à tige rampante, à racine produisant des tubercules farineux sucrés, sains et d'un excellent usage alimentaire. Elle était connue et cultivée de toute antiquité par les Indiens de l'Amérique du Sud. Elle vient facilement à Cayenne, de préférence dans les sols meubles composés de sable et de terreau. On la nomme *Patate douce* à la Guyane, *Nâpi* en galibi, *Mabi* en caraïbe, *Aletchi* en arouague, *Ietica* et *Mapi* en roucouyenne.

On plante au commencement des pluies les boutures de patate dans des mottes de terre préparées à cet effet, à 0.60 ou 0.70 centimètres de distance l'une de l'autre. Elles s'enracinent et développent promptement des tiges feuillées qui rampent à terre et couvrent le sol d'une verdure épaisse. Au bout de trois ou quatre mois, les tiges commencent à languir et à se dégarnir de feuilles à la base. C'est le moment de la maturité et le meilleur moment pour en faire la récolte.

Cultivée dans de bonnes conditions, elle produit de 1 à 2 kilogrammes de tubercules par mètre carré de terrain.

Une variété de Patate rose, plus petite que l'espèce blanche et très farineuse, est appelée par les Indiens, Patate Cachiri, du nom de leur boisson favorite. J'ai bu de ce Cachiri, dont le goût assez agréable approche de notre piquette qui serait légèrement sucrée.

La culture de la Patate présente de grands avantages et tout en étant une des plus grandes ressources des familles pauvres, elle est très agréable et très goûtée sur les tables les plus riches. On la prépare de diverses façons et on en fait des confitures excellentes.

En somme, l'extrême facilité de sa multiplication, sa prompte maturation, son rendement élevé, la facilité d'employer ses feuilles comme fourrage pour les animaux et même en *Calalou* (plat du pays), en font une des cultures les plus précieuses et les plus économiques. Son seul défaut est le peu de conservation de ses tubercules. Si l'on arrivait à introduire la charrue à la Guyane et à obtenir un jour des labours, au moyen des Buffles dans les savanes, la culture de la Patate deviendrait un élément de richesse et de prospérité pour notre colonie.

Les Ignames

Classe des Monocotylées, famille des Dioscorinées (Dioscorea alata),
(Nombreuses espèces.)

On les trouve dans les cinq parties du monde, mais plus abondamment dans les régions intertropicales. Les Caraïbes les appellent *Namani, Couchou, Cayarali*, nom galibi. *Micoma.*

Des trois espèces cultivées à la Guyane, l'Igname pays nègre, l'Igname franche et l'Igname indien (D. trilobata), cette dernière est la plus répandue et la meilleure. Elle réclame un sol meuble et riche en terreau ; elle se multiplie de tubercules ou de sections faites dans un gros tubercule présentant des pousses. Généralement on les plante très espacées, intercalées dans des plantations de Manioc. Chaque pied peut produire annuellement de 3 à 5 kilogrammes de tubercule. L'Igname pays nègre donnerait plus, surtout si on la récoltait seulement au bout de deux ans.

La racine d'Igname se cuit comme les pommes de terre, bouillie dans l'eau ou dans la vapeur d'eau, ou coupée en morceaux avec de la viande et des légumes.

Tayoves

Les Tayoves ou Choux-caraïbes, sont des plantes de la famille des Aroïdés, genre Xanthomosa. De terre s'élève un bouquet de grandes feuilles cordiformes, longuement pétiolées ; sous terre, le collet se renfle en un tubercule farineux autour duquel se groupent d'autres tubercules latéraux, qui sont des bourgeons destinés à produire de nouveaux plants. Les Indiens les appellent *Taya* ; leurs tubercules cuits sont bons à manger.

Cette plante est d'une culture facile ; mais elle est peu intéressante, car elle produit peu.

La *Maranta arundinacea* qui porte, à la Guyane, le nom vulgaire très impropre de *Sagou*, croît sauvage dans les terrains sableux du littoral. On en cultive quelques pieds sur les habitations pour extraire de sa racine râpée, une fécule blanche et très fine avec laquelle on fait des potages délicats.

LES CÉRÉALES

LE RIZ

Parmi les céréales, le Riz et le Maïs seuls peuvent être cultivés à la Guyane.

Le Riz (Oryza sativa L.) est une plante de la famille des graminées originaire de l'Asie intertropicale.

Le Riz se plaît dans les terres riches et marécageuses. Il se multiplie de graines qui lèvent très vite ; une seule graine forme toute une touffe. La maturité arrive au bout de 4 à 5 mois ; malheureusement, tous les épis ne mûrissent pas ensemble, ce qui occasionne une perte de temps et entraîne beaucoup de main-d'œuvre.

On le récolte sur les terres basses de la côte de préférence ; mais

CAYENNE. — LE FORT CÉPÉROU, LA CASERNE ET LA BATTERIE
(d'après une photographie de M. Chaumier. de Cayenne).

les noirs Boschs et Bonis le cultivent dans l'intérieur sur les rives des fleuves et des rivières et sur les plateaux, à l'ombre des grands arbres qu'ils laissent debout de ci de là dans leurs abatis. Le meilleur Riz que j'ai mangé à la Guyane avait été récolté chez des nègres Bonis sur l'Aoua (Haut Maroni).

La récolte dure à peu près un mois ou six semaines ; on est obligé de récolter les épis un à un au fur et à mesure de leur maturité. Les épis cueillis en petites gerbes à la main sont rapportés à la case. On les bat avec un bâton pour en détacher le grain qu'on fait sécher sur des nattes au soleil.

Une première récolte se faisant en mars et avril, on peut à la rigueur, en obtenir une deuxième après les grandes pluies qui tombent en mai, juin et juillet, et même une troisième et cela pendant 2 ou 3 années consécutives, sur le même emplacement. En saison sèche, le champ a l'aspect d'une prairie vivace, surtout dans les terrains bas et marécageux. Mais la principale récolte est toujours celle de mars et avril.

Le Riz est aujourd'hui la base de la nourriture des tribus de nègres du Maroni et du Tapanahony.

Pour séparer le grain de la balle qui l'enveloppe, on le pile à la main au moyen d'un pilon en bois dans un mortier *ad hoc*, également en bois. A chaque coup de pilon pénétrant dans la masse des grains, le frottement de ces derniers les uns contre les autres les décortique. Le pilage d'un hectolitre demande une journée à une journée et demie. Mais on ne le pile qu'au fur et à mesure des besoins, car le riz dépouillé de son écorce ne se conserve pas longtemps.

LE MAÏS

(*Zea Maïs*), *Donache* en caraïbe et galibi, *Ixim* en tupi (Amazone et indiens Oyampis), *Abatixi* en Arouague.

Le Maïs est une plante originaire d'Amérique. Elle y était connue et cultivée de toute antiquité par les Indiens. C'est une plante trop connue pour en faire une longue description ; elle mûrit à la Guyane 4 ou 5 mois après avoir été semée en grains qui donnent chacun un seul pied. Il exige un sol très riche.

Pour conserver le Maïs égréné, il faut le mettre en dames-jeannes ; c'est la nourriture par excellence des volailles. Quand le grain est formé et encore tendre, les nègres et les Indiens le font rôtir sur les charbons et se procurent ainsi une nourriture agréable.

Quand le grain est dur, on le pile dans des mortiers et sa farine incorporée avec de la pulpe de banane également pilée et cuite à l'étouffée, produit une espèce de gâteau qu'on nomme *doconon* dans la colonie.

Le Maïs ne réussit pas très bien à la Guyane à cause de la trop grande humidité de l'air au voisinage des forêts. Il réussit beaucoup mieux dans les vastes savanes du Contesté.

Le Bananier

Musa paradisiaca L. ; Musa sapientum L.

Avec le manioc, le Bananier occupe le premier rang parmi les plantes alimentaires de la Guyane. Les Caraïbes et les Galibis le nomment *Balatanna, Palourou ;* les Arouagues *Platema*. Langue Tupi du Brésil, *Pacoba*, etc. Il est originaire de l'Inde, de l'archipel Malais et de l'Océanie. La Guyane en possède quinze à seize variétés qui se divisent en deux catégories principales : les Bananes proprement dites qui ne se mangent que cuites, et les Bacoves ou Bananes figues, qui se mangent crues et sont un excellent fruit de dessert.

Le Bananier, de toute variété, veut un sol très riche, un climat chaud et humide. On le multiplie des rejets qui poussent autour de son pied. Il acquiert toute sa croissance au bout d'un an pendant lequel se développent successivement 6 ou 8 grandes feuilles vertes et fraîches qui en forment la cîme. Il jette alors son régime, sorte d'épi incliné portant à sa base les fleurs fertiles qui deviendront des fruits et à l'extrémité les fleurs stériles qui sèchent et tombent après s'être épanouies. Il s'écoule environ 2 à 3 mois entre la première apparition du régime et son entier développement. Chaque tige est annuelle et périt après avoir fructifié.

Quand on plante tout un terrain en Bananiers, il faut tenir compte des 4 ou 5 rejets que produira chaque pied vers la deuxième année et laisser un espace suffisant entre chaque plant, 3 ou 4 mètres environ. Chaque pied planté à 60 centimètres de profondeur doit être chaussé de terre meuble avec soin à mesure qu'il grandit. Un hectare peut donner ainsi jusqu'à 40.000 kilos de Bananes.

On cuit les Bananes en ragoût avec de la viande, bouillies dans l'eau, sous la cendre chaude ou au four et frites à la poêle, elles sont très agréables au palais des Européens. Les noirs aiment à les piler pour en faire une pâte dont ils sont très friands. Les Bananiers produisent en toute saison. On pourrait, en cultivant les Bananes en grand, en créer une grande industrie coloniale pour l'exportation, soit séchées au soleil ou au moyen d'étuves de dissécation, soit en conserves alimentaires soudées dans lesquelles on les conserverait dans le sirop de cannes.

On peut encore sécher les Bananes vertes et moudre en farine leur substance riche en amidon et dépourvue de sucre pour l'alimentation de certains convalescents.

L'Arbre à pain

(Artocarpus incisa L ; Artocarpus incisa apyrena).

La première espèce appelée Arbre à pain à châtaigne présente peu d'intérêt ; aussi ne parlerons-nous que de la seconde qui produit des fruits farineux, supérieurs à l'igname comme goût et tout aussi nourrissants.

L'Arbre à pain est originaire de Tahiti d'où il fut apporté à Saint-Vincent par Bligh. C'est un arbre magnifique portant de grandes feuilles qui, outre son utilité pour l'alimentation des pauvres, peut avantageusement servir pour l'ornement des places publiques et des routes. Il se multiplie de rejets qui sortent de ses racines traçantes. Il demande une terre riche et perméable. A Saint-Laurent du Maroni où le sol est composé de sable et de terre d'alluvion du fleuve, l'Administration pénitentiaire en possède de nombreux pieds qui ont parfaitement réussi.

A cinq ans, l'Arbre à pain donne ses premiers fruits. Si le sol est riche, il peut atteindre une hauteur de 9 à 10 mètres. Les pieds doivent être plantés au moins à 10 mètres de distance l'un de l'autre, à cause du grand développement des racines.

Les fruits arrondis ou ovales, très gros, plus d'un décimètre de diamètre, viennent à l'extrémité des rameaux. L'épiderme est vert et aréolé (vestiges des carpelles soudées dont la réunion forme le fruit). On fait deux récoltes : l'une en juillet, août et septembre et l'autre en décembre et janvier. Chaque arbre peut donner en moyenne 70 à 80 fruits de 2 kilog. à 3 kilog. Un hectare peut en produire 15.000 à 20.000 kilogrammes.

Avant sa maturité complète, on récolte le fruit et on le cuit soit au four, ou bouilli avec de la viande, soit coupé en tranches et frit à la poêle comme des pommes de terre avec lesquelles il a une grande analogie de goût.

Dans les pays qui possèdent des Arbres à pain, les miséreux trouvent facilement leur nourriture : la peine seulement d'aller cueillir quelques fruits à pain, avec quelques mangues au bord d'une route...

Le Cacaoyer

Genre Theobroma L ; tribu des Buttueriées. Théobrominées. Famille des Sterculiacées.

De toutes les cultures industrielles que l'on pourrait pratiquer à la Guyane, celle du Cacaoyer serait une des plus rémunératrices et des plus faciles. Les terrains argileux, riches en potasse et en azote, s'y prêteraient à merveille. On pourrait aussi le planter dans les savanes hautes de peu d'étendue entourées de rideaux d'arbres.

On le trouve à l'état sauvage le long du Maroni, sur le haut Camopi, au Tumuc-Humac et sur le Counani.

Parmi les nombreuses espèces qui, suivant la nature du sol, le climat et le mode de culture en ont créé comme autant de variétés, le Theobroma cacao L. et le Th. Guianensis, Aublet, sont les plus répandues.

Le Cacaoyer est un arbre de 4 à 8 mètres de hauteur à racine pivotante, à grandes feuilles digitées ou entières; fleurs à calice membraneux; lanière des pétales très longue et linéaire, en spirale dans le bouton. Étamines par groupe de trois ou par paires.

Le fruit ou *cabosse* est gros et oblong, marqué dans sa longueur de sillons alternant avec des côtes couvertes de tubercules irréguliers, sous chacun desquels se trouve une graine. Il faut faire éclater la pulpe extérieure pour avoir ces grains. Celles-ci ont une forme conique ou pyramidale irrégulière et sont enveloppées d'une pellicule rouge adhérente.

L'arbre se multiplie de boutures; mais les semis sont bien préférables. On plante les pieds à 3 ou 4 mètres de distance les uns des autres. Si le terrain présente dans son sous-sol des roches dures ou décomposées à une certaine profondeur, on doit couper le pivot du Cacaoyer avant de le planter, afin de forcer les racines latérales à se développer.

Les jeunes plants de Cacaoyers étant très délicats, on plante dans les intervalles des Bananiers qui poussent très vite et leur servent d'abri pendant 3 ou 4 ans et donnent un revenu suffisant en attendant mieux.

Tous les 100 mètres, au moins, il est bon de planter des rideaux d'arbres perpendiculairement aux vents dominants : des Roucouyers, des Orangers ou des Bambous. On pourrait essayer les Eucalyptus.

Le Cacaoyer commence à rapporter vers cinq ou six ans, mais c'est à partir de dix ans qu'il donne ses plus belles récoltes. A la Guyane, l'arbre porte constamment des fleurs et des fruits. Quand la cabosse est jaune et mûre on la détache de l'arbre, et on l'ouvre soit avec un couteau, ou on l'écrase légèrement entre deux pierres pour en extraire les graines; les gousses sont abandonnées aux pieds des Cacaoyers pour servir de fumier.

On laisse fermenter les graines dans un récipient, sous un hangar, pendant cinq à six jours, en ayant soin de les remuer et de les visiter journellement.

Quand les graines sont débarrassées de leur pellicule par la fermentation et ont acquis extérieurement une belle couleur rouge brun et jaune paille à l'intérieur, il ne reste plus qu'à les faire sécher pendant cinq ou six jours sur des nattes ou des toiles en ayant soin de remuer souvent les graines pour amener une dessication uniforme.

Un Cacaoyer en pleine production, dans de bonnes conditions, peut donner de 1 kilog. à 4 kilog. d'amandes sèches par année.

100 kilog. d'amandes sèches valent de 130 à 170 fr. Il y a lieu de faire remarquer que ces prix sont majorés de 52 francs à l'entrée en France pour les provenances des colonies françaises et de 104 francs par 100 kilog. pour les provenances étrangères.

Il y avait autrefois dans l'île de Cayenne, de belles plantations de Cacaoyers, notamment du côté du Mahury, mais ces plantations sont aujourd'hui quasi abandonnées faute de main-d'œuvre. M. Cléobie, de Cayenne, essaie en ce moment de relever sur ce point cette culture, en association avec M. F. Potin, de Paris (1) ; nous leur souhaitons la meilleure des réussites pour eux et pour la colonie (2).

Le Caféier

Le Caféier, originaire de l'Arabie, est un arbuste de 3 à 4 mètres de hauteur que l'on trouve dans toutes les habitations de la Guyane et jusqu'au Tumuc-Humac, chez les Indiens. Il se reproduit de rejets et de semis de ses graines. Le fruit a la forme et la grosseur d'une cerise. La pulpe contient deux de ces grains.

(1) M. Delbois est le représentant autorisé et compétent de M. Potin, à Cayenne. Grâce à ses louables efforts, une ancienne plantation abandonnée, à Montsinéry, faute de main-d'œuvre, vient d'être nettoyée et remise au point.

(2) Pour plus amples renseignements, voir *Le Cacaoyer et sa culture*, par H. Lecomte, docteur ès-sciences, et C. Chalot, directeur du jardin d'essai de Libreville, 3, rue Racine, Paris.

que tout le monde connaît, appliqués l'un contre l'autre sur leur partie plate fendue suivant le grand axe de la graine. Il se plaît dans les terres hautes et sèches, de préférence sur les pentes douces où le ruissellement naturel des eaux se fait sans érosion. Il vient aussi très bien dans les terrains de plaine suffisamment drainés. Il commence à produire à trois ans, donne son maximum de production de 7 à 14 ans et peut vivre une cinquantaine d'années dans les terrains profonds et meubles convenablement choisis.

Jusqu'à présent, la grande culture industrielle de cette plante, n'a pas été faite à la Guyane, à cause surtout de la grande quantité de main-d'œuvre qu'elle y exige ; les Caféiers portant en toute saison des fleurs et des fruits, il faut se livrer à une cueillette constante et attentive, sans compter les nombreux sarclages que l'on doit répéter souvent sous un climat humide.

Cependant le Café réussit très bien à la Guyane et celui que l'Administration pénitentiaire récolte à la montagne d'Argent et celui de M. Pierret, à la montagne Tigre, prouvent surabondamment par leur qualité supérieure et leur arome délicieux, que cette culture mérite à tous égards d'y prendre de l'extension et doit y être encouragée par des primes.

Les plantations se font régulièrement comme pour le Cacaoyer, à la distance de 2 à 2 m. 50 entre chaque pied, sur des terrains de forêts en pente douce sur lesquels on laisse de distance en distance, après défrichement, des arbres inoffensifs à racine pivotante qui servent à abriter les plants des trop fortes chaleurs. On peut aussi planter des Bananiers, du Manioc et des arbres fruitiers dans le même but en terrain de plaine. Ces plantations intercalaires fourniront au colon des ressources pécuniaires qui lui permettront d'attendre ses premières récoltes de Café.

Les nègres Bonis et Boschs et même les Indiens, plantent aujourd'hui du Café en petite quantité pour leur consommation personnelle, en pleine forêt où il vient très bien.

Le Caféier qui atteint 1 m. 80 de hauteur doit être étêté du bourgeon central et terminal afin de permettre le développement de ses branches latérales, ce qui facilite la cueillette des cerises sans échelle.

Un hectare peut contenir 2.000 pieds produisant dès la troisième année de 50 à 100 grammes par pied et une moyenne de 250 à 300 grammes à la fin de la quatrième année. Le prix d'un kilogramme de Café étant de 2 fr. à 2 fr. 50, le colon peut compter que chaque pied de café peut rapporter une moyenne de 0.80 centimes. Mais à partir de la 5ᵐᵉ à la 12ᵐᵉ année, il peut tabler sur une moyenne de 1 franc par pied, ce qui fait 2.000 francs par hectare.

C'est surtout sur les collines de Kaw, entre l'Oyapock et le Mahury, et dans l'île de Cayenne que réussiraient de préférence les plantations de Café à la Guyane.

Il est bon de faire remarquer que le planteur de Café des colonies françaises jouit, sur le marché métropolitain, d'un traitement de faveur : une détaxe de 0 fr. 78 par kilo.

Partout où j'ai eu l'occasion de boire du Café du pays à la Guyane, à Cayenne ou au Maroni, j'ai pu constater que son arôme et sa saveur sont de beaucoup supérieurs à ceux qui viennent du Brésil ou d'ailleurs. Il est certain que si le Café de la Guyane était plus connu, il obtiendrait la faveur des gourmets et son prix plus élevé permettrait d'en faire avec plus de succès la culture.

Le Roucouyer

Bixa Orellana. Famille des Bixinées

Le Roucouyer, originaire de l'Amérique tropicale, a été de tout temps connu et utilisé par les Indiens comme teinture. C'est un arbre toujours vert, à grandes et belles fleurs rougeâtres à pédicelles ordinaires munis de cinq glandes au-dessus du calice. Il se multiplie de graines et de boutures. Son fruit est une capsule épineuse déhiscente par deux valves et renfermant un grand nombre de graines ovoïdes, dont on extrait une matière colorante rougeâtre qui a beaucoup de mordant et est par cela même une teinture industrielle très recherchée.

L'arbre demande un composé de terres de bruyère et de terre

CAYENNE — Avenue d'Estrées (d'après une photographie de M. Chaumier, de Cayenne).

franche. Si l'on veut en faire une plante d'ornement pour les jardins, les boutures sont préférables parce qu'elles donnent plus vite des fleurs. Mais à la Guyane, les semis sont préférables. L'arbre produit au bout de trois ans. Il porte constamment des fleurs et des fruits ; mais beaucoup plus en novembre et décembre et vers les mois d'avril et de mai. La maturité se reconnaît facilement à la gousse qui s'ouvre d'elle-même.

La fabrication ou préparation du Roucou demande une certaine expérience. Sur l'habitation Portal au Maroni, le modèle du genre en Guyane, fondée par feu MM. Bar, dirigée aujourd'hui par M. Dick, on commence par récolter les fruits mûrs dans des paniers. Ces fruits sont ouverts à la main, et on retire les graines qui sont mises dans un récipient quelconque, un seau en bois de préférence. Quand on a ainsi obtenu une certaine quantité de ces graines, on les fait passer entre deux cylindres de fonte tournant rapidement en sens inverse l'un de l'autre, pour les bien écraser et en exprimer le jus rougeâtre que l'on tamise et qu'on laisse fermenter pendant huit jours dans des auges ou canots en bois creux, (troncs d'arbres creusés à compartiments) dans lesquels on a soin de le brasser journellement. Le jus de Roucou exhale une odeur pénétrante et fétide qui lui est particulière pendant la fermentation surtout. On le tamise de nouveau avec des tamis très fins et on le chauffe ensuite dans de grandes chaudières ; la matière rouge monte à la surface où elle est écumée et mise de côté. On fait de nouveau bouillir les écumes obtenues, pendant 12 heures, en ayant soin de les remuer avec une palette. On reconnaît que la préparation est au point quand la matière colorante en forme de pâte, est d'un beau rouge de feu, et se détache facilement de la palette.

En général, plus on travaille par macération la pâte ainsi obtenue, plus la couleur est vive. Il ne reste plus ainsi qu'à la mettre en fût par couches séparées entre elles et soigneusement enveloppées par des feuilles de Balisier ou de Bananier.

Un fût de 200 kilos a un prix vénal qui varie de 400 à 600 francs.

Les Indiens, ou plutôt les femmes indiennes, fabriquent le Roucou en écrasant ses graines avec les mains enduites d'huile de Palma-Christi. Cette dernière plante pousse un peu partout à l'état sauvage à la Guyane.

La Canne à sucre

Saccharum spontaneum

Cette culture coloniale par excellence, est aujourd'hui si connue que point n'est besoin d'en parler longuement. M. Vitalo, de Cayenne, l'a pratiquée avec succès à quelques kilomètres de la ville. On cultive la Canne à Mana et dans les concessions pénitentiaires de Saint-Maurice du Maroni où l'Administration possède une usine à sucre, où elle fabrique également un rhum délicieux qui fait concurrence au fameux rhum de Mana dont j'ai déjà parlé.

Il est facile de se procurer dans le pays même, des plants déjà acclimatés et ayant fait leurs preuves. Suivant les terrains, certaines variétés réussissent mieux. Tout compte fait, l'expérience a prouvé déjà que les Cannes Tamarin, Bois rouge blonde, Poudre d'or, comme l'a démontré aussi M. Delteil (1), directeur de la station agronomique de la Martinique, sont à la Guyane, les plus riches en sucre cristallisable.

La Canne à sucre est une grande herbe vivace, atteignant de 2 à 4 mètres de hauteur. Les tiges issues de son rhizome sont dressées, cylindriques, lisses, noueuses, de couleur jaune, rougeâtre, violacée ou tachetée suivant les variétés qui sont infinies; les feuilles longues sont distiques, rapprochées et emboîtées, formées d'une longue gaîne largement ouverte, parcourues d'un grand nombre de fines nervures longitudinales et creusées sur la ligne médiane d'un profond sillon pâle, convexe en dessous.

Quoique les semences très petites de la Canne soient aujourd'hui connues et puissent se développer à la faveur d'une grande humidité à l'ombre, on reproduit toujours la Canne par boutures et rejets.

Le climat humide de la Guyane est très favorable au développement de la Canne à sucre. Les petites vallées et les plateaux d'une faible altitude adossés à des forêts ou à des montagnes, sont les meilleurs endroits pour la culture.

(1) Voir de A. DELTEIL : *La canne à sucre* 1886, chez Challamel, Paris. — *Manuel de cultures coloniales*, par SAGOT et RAOUL.

La Canne à sucre se contente de terres légères, mais elle vient beaucoup mieux et produit d'avantage dans les terres riches en humus. Dans les premières, elle épuise vite le sol et dépérit à la deuxième ou troisième récolte.

Le sol doit être labouré et fouillé avec soin. Pour faciliter l'écoulement des eaux, on doit faire les sillons dans le sens de la plus grande pente pour les terrains à peu près plats et perpendiculaires pour les grandes pentes. Il faut enfouir dans le champ les bagasses et les feuilles encore humides, fumer et chauler surtout, 2000 kilog. par hectare. On ne risque pas de se tromper à la Guyane, il n'y a de calcaire nulle part. Enfin, employer aussi l'enfouissement à point, sitôt leur floraison, des pois mascate plantés préalablement dans le champ pour enrichir la terre d'azote.

On plante la Canne par boutures à la saison des pluies en quinconces à 1 mètre de distance, pour récolter au bout de 18 mois environ en pleine saison sèche. On reconnaît que la Canne est mûre à sa coloration, à la disposition de ses feuilles supérieures qui seules restent en éventail serré, à la sonorité de la tige, etc.

La coupe se fait au sabre d'abatis au ras du sol, le plus horizontalement possible, pour faciliter la pousse des rejets.

Aussitôt après la coupe, on sarcle autour de la souche, et on fume en recouvrant l'engrais à une certaine profondeur, cela facilite l'enracinement des rejets.

Dans la pratique, on se contente de planter tous les quatre, cinq ou six ans dans les terres légères, et on va jusqu'à dix et douze ans dans les très bonnes terres.

Le Tabac

Famille des Solanées

Le Tabac est originaire d'une petite île d'Amérique, nommée Tabago. Il pousse à l'état sauvage à la Guyane française ; mais aucun essai de culture suivie n'en a jamais été fait · 1° Parce que cette culture est réglementée et que les tracasseries de l'Administration compétente pour l'application de ces règlements surannés ont découragé tous ceux qui en ont essayé la culture ; 2° Parce que la culture du Tabac et sa préparation demandent beaucoup de soins.

OYAMPIS DU HAUT-OYAPOCK (d'après une photographie).

Cependant, sa qualité n'est pas inférieure à celui de La Havane ou de Porto-Rico. Au Contesté brésilien où n'existent pas encore les règlements en question, on le prépare en *carottes* de la grosseur du poignet, fortement serrées, avec une liane, et son arôme supérieur le fait préférer au Tabac de la Régie. Les Indiens et les Boschs du Haut-Maroni en cultivent quelques pieds dans le voisinage de leurs villages pour leur usage personnel.

Le Coton

Le Coton, comme les épices, fut autrefois cultivé à la Guyane ; mais on n'en trouve plus que de petites cultures chez les noirs du Maroni et du Tapanahomy et chez les Indiens de la haute Guyane. Les femmes indigènes, à l'aide d'une petite quenouille en forme de fourche, qu'elles assujettissent sous leur aisselle gauche, filent le coton au moyen d'un fuseau terminé dans le bas par une petite rondelle de bois ou d'écorce. Avec le fil ainsi obtenu, les hommes tendent, sous l'auvent de leur case, une double rangée de fils, coupée de deux lattes en bois poli qui, par leur disposition très simple permettent le tissage très serré des hamacs dont la solidité à toute épreuve les fait préférer à nos tissus similaires d'Europe.

LES VÉGÉTAUX FRUITIERS

L'Ananas

L'Ananas est originaire d'Amérique. Il demande un sol très riche et produit un fruit conique et savoureux un an ou quinze mois après sa plantation en boutures ou en rejets pris à la base d'un pied quelconque. On cultive à la Guyane plusieurs variétés : l'Ananas commun, l'Ananas Maïpouri (tapir) sans épines et l'Ananas Maïpouri épineux qui donnent des fruits énormes pesant plusieurs kilos. L'écorce du fruit, d'abord vert pâle, devient en mûrissant, d'un jaune orangé très vif.

L'Ananas se mange cru et peut aussi se cuire en compote ou en confiture.

On fabrique avec l'Ananas fermenté un vin généreux et fort agréable, assez analogue avec les vins sucrés de Frontignan.

L'Oranger

L'Oranger a été introduit en Amérique par les compagnons de Christophe Colomb aussitôt après la découverte.

A 6 ou 7 ans après avoir été semé, il fructifie pour la première fois. Il atteint 5 à 6 mètres de hauteur. A cause du grand développement de ses racines traçantes, il faut éviter de le planter au voisinage de plantes auxquelles il pourrait nuire, et notamment à proximité des carreaux de légumes.

L'Oranger donne des fruits en toute saison, plus abondamment dans la saison des pluies. Les Oranges ont l'écorce jaune et sont beaucoup plus douces que celles d'Europe. Elles sont rafraîchissantes, mais d'une valeur nutritive presque nulle ; elles se gâtent vite et on ne peut que les cueillir au plus vite pour la consommation ou pour la vente au marché.

Le Citronnier

Le Citronnier (*Citrus spinosissima Mey.*) cultivé à la Guyane est d'une espèce particulière, ayant une grande acidité et la peau un agréable parfum. Sa croissance est plus rapide que celle de l'oranger. J'ai vu des Citronniers dans des placers abandonnés en pleine forêt vierge, donner des fruits magnifiques et atteindre une hauteur de 7 à 8 mètres. Il donne des fruits toute l'année. On en compose de la tisane citrique avec de l'eau sucrée ; c'est une boisson tonique très agréable et rafraîchissante. C'est un fébrifuge qui remplace au besoin la quinine. Enfin, il est d'un usage constant comme condiment pour la préparation du poisson et de certains mets et il sert surtout à aromatiser le punch au rhum indispensable comme apéritif à tout créole qui se respecte.

Le Manguier

Le Manguier (*Mangifera indica*), de la famille des térébinthacées, a été importé de l'Asie en Amérique à la fin du siècle dernier.

C'est un arbre magnifique de forme sphéroïdale, dont les fruits oblongs, de la grosseur d'une poire, ont un petit goût résineux auquel on s'habitue vite.

Le Manguier commun ou Manguier Saint-Michel — probablement du nom de M. Saint-Michel Dunezat, qui en posséda le premier sur son habitation — se multiplie par semis de noyaux et donne ses premiers fruits à 7 ou 8 ans dans une bonne terre, humide de préférence.

La récolte se fait pendant les pluies, de novembre à mars ou avril.

Le manguier greffé, donne des fruits plus gros et plus savoureux ; produit à l'âge de 3 ans et donne des fruits en toute saison.

Les Mangues greffées de la Guyane sont un fruit exquis qui peut soutenir avantageusement la comparaison avec les meilleures poires et les meilleures pêches d'Europe, notamment la Reine Amélie et la Mangue Mélinon, cette dernière plus commune à Saint-Laurent du Maroni.

Le Manguier est très commun à Cayenne, à Sinnamary, à Iracoubo, Mana et les autres communes. On le trouve aujourd'hui jusque chez les Indiens Roucouyennes du Tumuc-Humac et même en pleine forêt vierge, sur les emplacements d'anciens villages ou de placers abandonnés. Il n'est pas rare d'en trouver sur les rives du Maroni, des pieds isolés que les inondations y ont apportés.

Pomme Cythère

La Pomme Cythère (*Spondias dulcis Forst*). Evi de Tahiti, est originaire de l'Océanie. L'arbre se multiplie de noyaux, croît très rapidement, fructifie vers 6 ou 7 ans et donne des fruits acides et sucrés, très parfumés, d'un goût très agréable. La récolte se fait de novembre à mars et avril.

Le Monbin

Le Monbin ou prunier sauvage, *Spondias lutea*, croît à l'état sauvage dans les forêts vierges, de préférence au bord des eaux courantes qui aident à la reproduction de l'arbre en charriant ses graines sur les rives. Son fruit ovale, de la grosseur d'une prune, de couleur jaune, présente, autour d'un noyau oblong, une petite quantité d'une pulpe acide et très aromatique. Les graines fermentées donnent une bière sucrée très tonique. Certains poissons, comme le Coumarou, sont très friands de Monbins, aussi les pêche-t-on de préférence au-dessous de ces arbres, au bord des rivières (1). Par la greffe et des soins de culture, le Monbin greffé à la Pomme Cythère deviendrait un excellent fruit.

Le *Spondias purpurea*, appelé à Cayenne Monbin Jamaïque, a un fruit violet clair, d'un goût agréable. L'arbre se multiplie de boutures.

Pomme de Cajou

(*Anacardium occidentale*)

C'est un arbuste qui croît sauvage sur le littoral de la Guyane et qui atteint 2 à 3 mètres de hauteur. Il produit vers trois ou quatre ans, un fruit de forme singulière ; l'amande est extérieure et portée à l'extrémité du fruit ; la chair du fruit, acide et astringente, d'un goût âcre, est formée par le pédoncule renflé et devenu pulpeux.

(1) Voir le chapitre *Chasses et Pêches*.

Corossol

Le Corossol, *Anona Americana*, famille des Anonacées, arbre américain peu élevé, d'une croissance rapide qui se multiplie par le semis des noyaux de son fruit assez volumineux, vert et hérissé de petites pointes molles. La chair en est blanche, molle, acide et parfumée, et possède des propriétés soporifiques. L'arbre ne vit pas longtemps même dans un sol très riche; il donne ses premiers fruits à trois ans.

Pomme canelle
(*Anona squammosa*)

C'est un arbuste d'une végétation analogue au précédent qui se plaît sur les bancs de sable de la côte et dans les terrains sableux. Son fruit rond et beaucoup moins volumineux, a une chair peu abondante, mais sucrée et d'un parfum très délicat.

Une autre espèce, l'*Anona obtusiflora* du Brésil et du Contesté donne de très bons fruits.

L'Abriba

Rollinia pulchrinervia est voisine des corossoliers. Son fruit est des plus délicats. Les Indiens la nomment *Biriba*.

Il y a encore dans la même famille des Anonacées, le Chirimaya du Pérou qui est meilleur encore et plus délicat. Il s'acclimate très bien à la Guyane. Infusé dans l'eau-de-vie, il produit une liqueur aromatique excellente, *presque inconnue*, sans analogie avec aucune autre. Avis aux liquoristes.

Pomme rose

(*Eugenia Jambos* L.)

La Pomme rose est un petit arbre de la famille des Myrtacées, originaire de Malabar, qui se multiplie de graines. Son fruit, de la grosseur d'un abricot, a un goût douçâtre, d'un parfum de rose assez prononcé.

———

Abricotier d'Amérique

(*Mammea americana*)

C'est une *Clusiacée*, qui n'a de commun que le nom avec l'abricotier d'Europe. Les fruits arrondis et très gros, portent autour d'un gros noyau ligneux, une chair jaune et ferme qui rappelle vaguement le goût de l'abricot d'Europe. L'arbre se reproduit de graines.

Une autre espèce, le Mangostan (*Garcinia Mangostana*), originaire de l'Asie, s'acclimate très bien à la Guyane. Le jardin botanique de Cayenne en possède quelques pieds.

———

La Goyave

Psidium porniferum, famille des Myrtacées, est cultivée à la Guyane, où elle croît à l'état sauvage un peu partout. Le Goyavier est un arbre peu élevé qui croît rapidement et demande une terre riche. Le climat sec lui convient de préférence ; il se multiplie de graines et de jeunes plants qui poussent autour des arbres. Il rapporte au bout de 4 ou 5 ans et produit un fruit jaune très odorant, d'un goût douçâtre un peu fade. On en fait des compotes et des confitures très estimées ; les Indiens le nomment *Guayaba*.

Cerisier d'Amérique

(*Eugenia Michalii*)

Arbuste (Myrtacée) au feuillage grêle et serré qui produit un petit fruit rouge à arêtes saillantes, acide et aromatique. Une espèce ronde connue à Cayenne est une Malpighiacée.

Ces arbustes se plaisent dans des terrains sableux et une exposition très aérée.

On fait des confitures avec leurs fruits.

Barbadine, Maritambour

Deux lianes de la famille des *Passiflores* qui donnent des fruits délicieux et très recherchés. La Barbadine (*Passiflora quadrangularis*) et la Maritambour (*Pass. tinifolia Juss.* et *Pass. laurifolia*) ou Pomme-liane très connue aux Antilles, se multiplient de rejets de souche ou de marcottes, on les fait grimper sur des tuteurs, sur des arbres ou sur des treilles en berceau. Leur croissance est rapide. Elles produisent au bout d'un an et demi à 2 ans et demandent un sol riche, fumé et convenablement préparé. Le fruit de la Barbadine est très gros, allongé, d'un vert pâle, les semences sont entourées à l'intérieur d'une espèce de gelée aqueuse d'un goût et d'un parfum très délicats. La Maritambour a des fruits jaunes, ronds ou ovales de la grosseur d'un petit œuf ; son écorce est mince, jaune orange, et la gelée qu'elle contient est exquise, bien supérieure à la fraise. Elle fleurit en novembre et décembre et donne des fruits en avril et mai. On la trouve à l'état sauvage dans les forêts vierges et sur les bords des rivières.

Papayer

(Carica papaya L.)*

Connu de toute antiquité par les Indiens de l'Amérique et les Caraïbes qui le nomment *Ababai.* C'est une plante herbacée fibreuse d'une croissance rapide et d'un produit abondant. Il exige une très bonne terre meuble. Il est dioïque, les fleurs mâles et les fleurs femelles ou hermaphrodites étant portées par des pieds différents. Son tronc fin et élancé est terminé par un bouquet de grandes feuilles découpées en pointe. Les fruits ovoïdes et volumineux sont jaune doré et situés au-dessous du bouquet de feuilles attenant au collet du tronc. Ces fruits ont un goût sucré comme une confiture naturelle et un parfum agréable qui leur est particulier. Les pieds mâles donnent à l'aisselle des feuilles de grandes panicules de fleurs d'un jaune pâle, odorantes.

Il y a plusieurs variétés de Papayers dont on peut cuire les fruits verts comme un légume. Les nègres boschs et les Indiens les cultivent auprès de leurs villages.

Sapotillier

(Sapota Achras, famille des Sapotacées)

La Sapotille est un des meilleurs fruits des pays chauds. On la trouve à l'état sauvage dans les forêts des Antilles et de l'Amérique

du Sud. L'arbre a une croissance très lente, il se multiplie de graines
et ne donne ses premiers fruits que vers l'âge de 9 ou 10 ans. Les
fruits ronds ou ovales, couleur feuille morte, de différentes gros-
seurs, comme les pêches d'Europe, ont un épiderme fin, un peu
rugueux, renfermant une chair fondante et délicieuse, d'un parfum
délicat, contenant une ou plusieurs graines aplaties, noires, dures
et luisantes. Les fruits se mangent très mûrs au moment où ils se
ramollissent.

Balata, Caïmite, Jaune d'œuf, Confiture Macaque

(Famille des sapotacées)

Le Balata, *Mimusops Balata G.*, est un grand arbre qui croît à l'état
sauvage dans les forêts de la Guyane, dont le fruit doux et sucré est
bon à manger. Son fruit est vert, de la grosseur d'un petit œuf lisse
et rond, contenant un seul noyau un peu plus gros que celui de la
sapotille. On pourrait le planter en forêt ou dans des endroits frais
et en faire une culture spéciale qui, tout en l'améliorant, donnerait de bons résultats, étant donné la valeur qu'acquiert de plus
en plus la gutta-percha que l'on extrait du latex contenu dans son
écorce (Nous y reviendrons au chapitre des gommes).

La Caïmite, *Chrysophyllum Caïmito*, est un bel arbre qui donne
des fruits ronds, garnis de pépins plus petits que la sapotille. On
en cultive à Cayenne deux variétés : l'une donne des fruits verts à
chair pâle et l'autre donne des fruits un peu plus forts, de la
grosseur d'une orange, à épiderme noir et à chair violacée ou
vineuse. Ces fruits très recherchés, ont un goût agréable que l'on
mange à la cuillère quand ils sont bien mûrs.

Le Jaune d'œuf, *Lucuma rivicoa*, croît dans les forêts vierges. Sa
chair jaune, sèche et pâteuse, analogue au jaune d'œuf bouilli,
n'est pas agréable.

Une autre sapotacée peu connue, que les indigènes nomment
Confiture Macaque, se rencontre rarement dans les bois (les singes

en détruisent les graines et les fruits), porte un fruit rond de la grosseur d'un gros citron, couleur chocolat, contenant une gelée de même couleur, d'un parfum et d'un goût si délicieux, que je ne peux la comparer à aucun autre fruit connu ! Pendant huit années passées dans les forêts vierges, je l'ai rencontré deux fois seulement, dans l'intérieur. C'est un arbre de montagne probablement encore non décrit ?

Avocat — Beurre végétal

L'Avocat est un petit arbre de la famille des Laurinées, dont le nom dérive du mexicain *Ahua quatl* ou du caraïbe *Aouaca*, originaire des Antilles et de l'Amérique centrale ; il était connu et cultivé par les Indiens avant l'arrivée des Européens. Il se multiplie de graines fraîches, croît rapidement et produit à 4 ou 5 ans. Le fruit présente, autour d'un noyau rond assez gros, une pulpe très fine, grasse, fondante et fraîche, analogue au beurre avec un goût particulier très subtil. On le mange avec du sel ou avec du sucre.

L'arbre fleurit en novembre et décembre et donne des fruits en avril et mai. On en cultive à Cayenne plusieurs variétés, à peau verte ou violette, ronds ou ovales.

Cocotier

La Guyane ne possède pas de grande culture industrielle de Cocotier, cependant il y vient très bien, surtout sur le littoral, dans les terres sableuses et même dans le sable du bord de la mer. Il vient également très bien dans les jardins et dans les terres d'alluvion des rives des fleuves. On en voit toujours quelques pieds auprès des plus pauvres cabanes. On le multiplie en mettant en terre une noix fraîche. Il pousse d'abord lentement, mais quand il a pris un beau bouquet de feuilles, il grandit vite et donne ses premiers fruits vers 7 ou 8 ans. Un pied peut donner de 50 à 100 fruits par an.

PÉNITENCIER — VUE PRISE DE LA PLAGE DES COCOTIERS
(d'après une photographie de l'auteur).

Les fruits se mangent verts ou à maturité complète, époque où le Coco sec se détache et tombe de lui-même à terre. L'amande est collée sur le bois de la coque intérieurement, sur une épaisseur qui varie de 1 à 2 centimètres ; la cavité intérieure est occupée par une eau douce et fraîche agréable à boire.

La noix de Coco râpée entre dans la composition de certains aliments, notamment avec le riz au lait. On en fait aussi une espèce de nougat créole très estimé.

Le Cocotier est, en outre, une plante oléagineuse productive et d'un usage économique facile. On peut estimer que 12 Cocos peuvent fournir un litre d'huile pure et de bonne qualité. Le Cocotier pousserait très bien dans certaines savanes sèches à sol perméable et on pourrait y faire de grandes plantations ; les arbres, espacés de 10 mètres les uns des autres, ce qui permettrait au colon des cultures intermédiaires pendant les trois premières années.

L'amende mûre contient 53 0/0 d'eau, 14 0/0 de cellulose, 30 0/0 d'huile, 0,3 0/0 d'albumine, un peu de sucre, de gomme et quelques sels. L'eau contient 1,6 0/0 de sucre, 0,16 d'albumine, un peu de gomme et quelques sels.

A cause de sa récolte lente et successive, non simultanée, à cause de la nature même du fruit, nous ne conseillerons jamais cette culture comme une des plus rémunératrices à la Guyane ; on doit lui préférer à tous égards celle de l'arachide, qui pourtant y est également délaissée. Le seul parti qu'on puisse tirer, dans la colonie, d'une plantation de Cocotiers de quelque étendue, est dans la vente et l'emploi des Cocos frais, comme on le fait à Cayenne pour la plantation de Mme Chaton, voisine du Pénitencier.

Palmiers, Comou, Pataoua, Pinot, Maripa, Paripou, Aouara

Le *Comou* et le *Pataoua*, *Ænocarpus Bacaba* Mart., et *Æn. Pataoua* Mart., croissent abondamment dans les forêts vierges ; ils donnent des régimes chargés de fruits arrondis ou ovales, qui présentent autour du noyau, une pulpe mince très riche en huile douce. On jette de l'eau chaude sur ces fruits ; on les broie légèrement, puis on verse sur le mélange, de l'eau qui forme émulsion. On tamise et on a une sorte de lait végétal que l'on sucre et qui est très rafraîchissant et agréable au goût.

On fait de même avec le *Pinot* ou palmier des marais (en caraïbe *Oyasai*, arbre d'eau ou palmier d'eau) *Euterpe oleracea*, seulement l'émulsion est colorée en pourpre. C'est une des boissons favorites des Indiens.

Le *Maripa* donne des fruits oblongs et coniques, formant un régime très gros, la chair qui entoure le noyau est très bonne.

Le *Paripou*, *Guillielmia speciosa*, est très répandu à la Guyane, et cultivé dans les jardins ; ses fruits farineux de la grosseur d'une prune, se mangent cuits avec du sel comme un légume, ils ont une saveur très agréable. L'arbre est grêle, épineux et se multiplie de semis et de rejets.

L'*Aouara*, *Astrocaryum aculeatum* Mey, et le Pataoua sont surtout des palmiers à huile. La mince pulpe qui en couvre les noyaux en contient, ainsi que l'amande intérieure dure qui tapisse la paroi ligneuse de la graine. La première s'obtient en faisant bouillir l'émulsion produite en triturant les graines trempées préalablement dans l'eau chaude, et recueillant l'huile qui vient surnager. La seconde s'obtient en brisant fortement les noyaux dans un pilon puis en les projetant dans l'eau bouillante ; l'huile vient surnager et on la décante. En pleine forêt vierge, on peut ainsi se procurer de huile d'excellente qualité pour faire cuire les aliments.

Le palmier à huile d'Afrique, *Elæis guineensis*, est une plante oléagineuse plus productive qui devrait être importée à la Guyane. Il viendrait très bien sur toute la côte exposée aux brises de mer, dans les terrains de sable.

Arachide

(*Arachis hypogœa* L., Légumineuses)

L'Arachide ou Pistache que les Caraïbes nomment *Maali*, les Espagnols *Cacahuets*, vient du mexicain *Cacahuata*, est originaire de l'Amérique. On plante les graines, il en sort une tige herbacée, basse et tendre. Aux fleurs qui apparaissent d'abord, succèdent de petites gousses courtes, ovales ou arrondies, qui s'enfoncent graduellement en terre où elles se développent et mûrissent 4 ou 5 mois après la plantation. Chaque gousse contient deux graines rondes très oléagineuses, de la grosseur d'une chevrotine. L'arachide réussirait très bien à la Guyane, dans les terrains sableux riches, plantée en avril et mai pour être récoltée en septembre pendant la saison sèche. Il faut éviter les terres argileuses où l'arrachage serait trop difficile. Les nègres Boschs du haut Maroni la cultivent régulièrement et en font usage pour cuire leurs aliments ou pour les manger grillées au feu.

Le Sésame

(*Sesamum indicum*)

Cette plante qui porte à Cayenne le nom d'*Ouangue* se développe et mûrit en 4 mois environ. Elle atteint un mètre ou un mètre et demi de hauteur et porte dans de petites capsules une multitude de graines très fines, riches en huile douce et comestible.

Vers le mois de novembre, la meilleure saison, on les sème dans les abatis nouveaux où le sol est riche, entre les jeunes plants de manioc. Aussitôt que les feuilles commencent à jaunir, on les arrache ou on les coupe pour les faire sécher en petites bottes suspendues sous un hangar. Il suffit ensuite de les battre légèrement pour avoir les graines.

Dans un sol fatigué, nous ne pensons pas que le Sésame viendrait bien. Il serait également difficile d'en faire de grandes cultures à la Guyane où on ne pourrait guère sarcler les mauvaises herbes qui l'étoufferaient en partie.

Il suffit de piler ses graines en pâte et de les mêler aux aliments pour les accommoder.

La Vigne

La Vigne, d'après M. Jules Bourquin, Garde auxiliaire d'artillerie de marine et propriétaire à Cayenne, peut être cultivée avec succès à la Guyane.

Cette culture avait été entreprise, autrefois, en grand, notamment par les Pères jésuites, qui avaient, à force de soins, acclimaté des cépages et obtenu une récolte de vin qui ne le cédait en rien à celui des îles Canaries. Mais ces Vignes furent arrachées par ordre supérieur, en vertu du pacte colonial qui faisait de nos colonies des marchés réservés et leur interdisait toutes les productions pouvant faire concurrence à celles de la Métropole.

M. Jules Bourquin s'est courageusement mis à l'œuvre pour retrouver les procédés de culture et la meilleure méthode à suivre pour arriver à de bons résultats.

Je cite M. Jules Bourquin :

« Le plant de Vigne mis en terre peut donner ses premiers produits au bout de deux ans, au *maximum*.

» Certaines boutures, bien choisies, donnent même leurs premières grappes après quatre mois. Mais c'est une exception.

» La Vigne, à la Guyane, produit régulièrement trois fois par an.

» Le raisin parvient donc à maturité en quatre mois.

» Tout dépend de la taille. Il faut y procéder sitôt après la récolte pour en obtenir une nouvelle après la période indiquée.

» On peut donc avoir du raisin toute l'année, si l'on dispose d'un nombre de pieds de Vigne suffisant pour en opérer une taille tous les mois..

» Il n'y a pas à s'inquiéter de la saison.

» L'influence prépondérante sur la taille, c'est celle de la lune.

» A la Guyane, où la chaleur solaire est toujours à peu près égale, l'action de la lune commande tous les mouvements de la sève. C'est donc à celle-ci qu'il faut obéir.

» Mes récoltes n'ont jamais manqué depuis huit ans que je m'occupe de cette culture et que je procède dans les conditions indiquées. »

Des essais de culture de la Vigne sur une grande échelle, en plein champ, pourraient être faits à la Montagne d'Argent, par l'Administation pénitentiaire qui possède, outre la main-d'œuvre, une des meilleures situations pour cette culture.

CULTURE POTAGÈRE

Joignant l'utile à l'agréable, une intelligente combinaison de cultures potagères et de plantations d'arbres à fruit de choix autour des habitations est encore une source de revenus suffisants pour ceux qui veulent s'adonner à ce genre de culture spéciale.

A la Guyane, on réalise imparfaitement ce but en plantant beaucoup trop d'arbres à fruit sans discernement et sans ordre. Au voisinage des maisons et des étables, où il est plus facile de se procurer l'eau nécessaire à l'arrosage et le fumier pour améliorer le sol, quand on n'aurait pour cela que les épluchures diverses, détritus et déchets de cuisine mis en fosse avec des feuilles, de la paille et de la terre, on peut disposer son terrain en carreaux destinés aux semis et à l'élève des plantes potagères les plus délicates, particulièrement les légumes d'Europe. Les parties les plus éloignées de la maison et de la prise d'eau, moins richement fumées porteraient les légumes indigènes, Pois de sept ans, Calalou ou Gombaud, Aubergine, Pois ruban, Pois d'Angole, Camanioc, Patates, etc. On disposerait en avenue ou en quinconce des Bananiers, et par ci par là assez éloignés les uns des autres des arbres fruitiers : Cocotiers, Arbres à pain, Paripous, Papayers, Manguiers greffés, etc. suivant la disposition et la nature du terrain qui prévalent quelquefois.

Dans un sol parfaitement ameubli à la bêche, très richement fumé, filtrant bien l'eau et disposé de façon à laisser écouler les eaux trop abondantes, les légumes d'Europe qui donnent de bons produits sont, au premier rang : le Chou qui produit 3 ou 4 mois après la plantation des boutures, le Radis qui produit à un mois de la plantation par semis, la Ciboule qui se multiplie d'éclats de souche, le Haricot d'Europe qui produit à 1 mois et demi pendant trois semaines et qui se mange vert, le Concombre, la Chicorée qui vient très bien. Au second rang demandant plus de soins, un temps sec et de l'arrosage : le Navet, la Carotte, la Tomate, la Laitue. Ceux qui ne sont pas susceptibles de culture sont la Pomme de terre, l'Oignon, l'Asperge, le Petit pois, la Fève, la Lentille.

Les espèces qui ne fleurissent pas dans le pays, comme le Radis, le Persil, le Céleri demandent à chaque semis des graines d'Europe très fraîches.

Les terres sableuses de la côte et des environs de Cayenne conviennent très bien aux cultures potagères.

Un homme, un Européen même, travaillant 2 heures le matin et 2 heures l'après-midi, pendant les heures fraîches de la journée, peut exploiter ainsi un ou deux hectares de terre et avoir un revenu de 4 ou 5000 francs, s'il est à proximité du marché de Cayenne, où une Tomate se paie 0,30 centimes, un petit paquet de Persil 0,30 cent., une botte de Radis de 0,30 à 0,50 centimes, un pied de salade 0,40 et 0,50 centimes, le reste à l'avenant. M. Jules Bourquin cultive avec succès les plantes potagères aux environs de Cayenne.

Les gros travaux de sarclage, de nettoyage et autres peuvent être faits deux ou trois fois par an, par des corvées de forçats que lui prête le Pénitencier moyennant 1 fr. 50 à 2 fr. par homme.

Avec cela, le colon jardinier pourra élever quelques Vaches laitières, un Mulet, des Porcs en parc et autres animaux domestiques qui, tout en assurant le confortable de sa table, serviront à l'écoulement de ses produits de culture superflus et lui coûteront peu d'entretien.

PLANTES FOURRAGÈRES

Les deux plantes fourragères cultivées à la Guyane sont l'herbe de Guinée, *Panicun altissimum Brousse* et l'herbe de Para, *Panicum molle Sw.*

L'herbe de Guinée n'exige pas une bonne terre, elle pousse un peu partout dans les terres hautes surtout. On la multiplie de la division des touffes qu'on plante au retour des pluies ou pendant les pluies. Elle pousse très rapidement ; en 2 ou 3 mois elle est à point pour être coupée. Si on la laissait grandir, elle atteindrait 1 m. 50 de hauteur. Chaque touffe très épaisse est facile à couper au moyen d'un sabre d'abatis très affilé. Un champ d'herbe d'un hectare peut produire plus de 40.000 kilos de fourrage vert ; mais cette plantation épuise vite le sol.

Il serait je crois pratique de laisser croître et sécher l'herbe complètement et d'y mettre le feu, puis de chauler par dessus le sol calciné, en ajoutant un peu de fumier. On rendrait ainsi à la terre toute sa vigueur.

L'herbe de Para, plus tendre que la précédente ne croît pas en touffes serrées, elle tend à se coucher à terre et à s'enraciner à ses nœuds ; aussi, rien de plus facile que de la reproduire dans les sols vaseux, riches et humides qu'elle affectionne de préférence. Elle pousse plus rapidement encore que l'herbe de Guinée, est tendre et juteuse et préférée du bétail. Elle peut se couper tous les deux mois, et sa végétation incessante ne se ralentit qu'à la saison la plus sèche. De plus, elle fournit une masse considérable de fourrage vert. Feu M. Houry, de Cayenne, obtenait d'excellents résultats et tirait un grand profit de cette culture en terre basse. Son seul défaut est que là où on l'a une fois plantée, il est fort difficile de la détruire même par le feu. Comme l'herbe de Guinée, elle ne supporte guère la pâture.

On doit la brûler à la saison sèche, tous les deux ans, et la *chauler* ensuite pour rendre à la terre de nouvelles forces.

L'herbe à lamantin, *Oplismenus polystachyus* est une graminée assez semblable à l'herbe de Para et poussant comme elle dans les terrains vaseux. Elle est un peu plus forte que la précédente, mais très recherchée du bétail. Feu M. Houry l'avait plantée à Cayenne mélangée à l'herbe de Para, et elle donnait ainsi des produits excellents.

Nous devons ici une mention spéciale, au *Panicum platycaule*, qu'on nomme au Maroni *herbe Bar*, du nom de ce colon naturaliste qui sut tirer un grand parti de cette graminée et qui en fit le premier des plantations spéciales. L'Administration pénitentiaire imitant son exemple, possède au Maroni de vastes prairies toujours vertes de cette herbe très vivace, poussant droite en touffes très serrées. Tige peu haute, feuille tendre.

Le Sorgho sucré peut être cultivé à la Guyane comme plante fourragère. Il pousse dans toutes les terres, et on pourrait étudier cette plante dans la colonie.

Les feuilles de Canne à sucre encore tendres, le Maïs, les feuilles de Patates, les feuilles d'Arachides, riches en matières azotées et très tendres, le Riz en herbe, le Sainfoin, plusieurs *Stylosanthes* dont trois espèces abondent dans les savanes, sont autant de plantes pouvant servir à l'alimentation du bétail.

DES ANIMAUX DOMESTIQUES

Le Cheval, le Mulet, l'Ane, la Vache

Ce qui est vrai pour l'acclimatement de l'homme : un endroit sain, aéré, découvert, assaini, bonne nourriture, hygiène et soins de propreté, est également vrai pour les animaux domestiques, ceux surtout qui sont originaires des pays tempérés.

Le Cheval est le premier parmi ceux-là.

Le premier soin du colon doit se porter sur la nourriture qui doit être choisie abondante, variée et régulière. Elle doit être distribuée quatre fois par jour : de grand matin, à dix heures, à deux heures et le soir pour la nuit : du foin sec, des herbes vertes, quatre fois plus en poids comme équivalent du précédent, des grains plus nourrissants que le foin et de la paille ou des racines.

A la Guyane le climat trop humide ne permet pas de faire du foin, mais on en reçoit d'Europe de bonne qualité.

Il est bon de mêler avec le fourrage un peu de sel, 30 grammes par jour environ.

La reproduction des animaux domestiques est moins active qu'en Europe, la lactation moins abondante et beaucoup d'animaux nouveau-nés, meurent de maladies.

Dans la succession des générations, la taille diminue et les fonctions de reproduction finissent par disparaître. Cependant, on ne doit pas désespérer de créer à la Guyane comme au Venezuela et au Para, une race créole de petits Chevaux qui finiront par s'adapter complètement au climat. Sinnamary possède déjà quelques Chevaux qui, suffisamment bien traités et croisés avec les races des pays voisins donneraient des résultats satisfaisants. Feu M. Hérard, ancien vétérinaire de Cayenne, prétendait que les animaux tirés du Brésil ou des Etats-Unis du Sud, seraient excellents pour le croisement et l'acclimatement de l'espèce à la Guyane.

Il en est de même du bétail. Il faudrait pour cela des écuries bien construites, bien aérées, qui le défendissent contre les insectes et les chauves-souris, vampires. Un pansement très soigné, où l'on s'attachera à détruire les insectes : chiques, tiques, vers macaques et autres, qui s'attachent à la peau ou la pénètrent en y engendrant des dartres ou des ulcères.

Voici la ration ordinaire d'un Cheval à la Guyane ;

Foin sec, 6 kilog. ; herbe verte, 15 à 20 kilog. ; avoine, 4 litres ou maïs 6 litres, ou son 10 litres.

En monte ou au travail, 4 litres d'avoine ou de grain en plus. Dans ces conditions, on comprend que l'élève du Cheval en savane, à la Guyane, est à peu près impossible.

Le Mulet résiste mieux que le Cheval dans les pays chauds ; mais pour l'élever et l'acclimater, il lui faut un climat sec. Il réussit très bien dans les vastes *Llanos* (savanes) de l'Orénoque. On pourrait essayer son élevage, surtout au Contesté, avec les petites juments du pays ou du Para, croisées avec un baudet venu du Poitou ou d'Algérie, ou, mieux, des provinces centrales du Brésil. Un Mulet vaut à Cayenne, de 600 à 1.400 francs.

L'Ane vit très bien et rend de grands services dans les pays chauds et secs ; mais à la Guyane, où il en existe très peu du reste, peut-être une cinquantaine, à Cayenne et au Maroni, il demande presque autant de soins que le cheval.

GROUPE DE PORTEURS. — Placer St-Elie (Haut Sinnamary)]
(d'après une photographie (Paru au Tour du Monde).

Il est moins cher et sert, dans les habitations voisines de la ville ou des bourgs, à porter les légumes au marché.

Les Vaches laitières en domesticité à la Guyane, demandent beaucoup de soins et donnent peu de lait, le mieux est de les faire venir d'Europe et de les choisir de préférence de petite taille et très rustiques. Il y a ainsi à la Guyane quelques Vaches laitières bretonnes qui donnent de bon lait et en suffisante quantité. A la troisième génération, la Vache domestiquée ne donne plus que deux litres de lait en moyenne, comme les meilleures Vaches créoles du pays.

ÉLEVAGE DU BÉTAIL EN SAVANE

Jusqu'à présent, l'élevage du bétail en savane, à la Guyane, a donné des résultats peu probants, cela tient à diverses causes principales : la première est l'apathie de la race noire pour cette sorte d'industrie, qui demande de la patience, de la douceur et de l'attachement aux animaux ; la seconde réside dans le peu d'étendue relative des savanes guyanaises, même entre Kourou et Mana, où elles sont pourtant plus larges ; la troisième et la principale, c'est que les neuf dixièmes de ces savanes sont de véritables marécages, que les forêts humides qui les coupent sont trop denses, infestées de Jaguars, de Serpents et de Couleuvres et qu'en somme elles ne sont pas *doubles*, comme dans la région du Contesté,. c'est-à-dire ni trop sèches, ni trop noyées.

La première des conditions est donc d'avoir un climat relativement sec, ce qui arrive dans les savanes de grande étendue, et de l'eau claire ou courante en toute saison.

Peu de savanes, un dixième environ, réunissent ces conditions à Kourou, Sinnamary et Iracoubo (Organa). Dans ces quartiers, le bétail a le libre parcours du terrain et les cultures doivent y être clôturées.

Il faut dire ici, qu'entre la domesticité proprement dite et l'élevage en savane, il y a un régime intermédiaire ou mixte pratiqué à la Guyane par beaucoup de propriétaires possédant de 20 à 60 têtes. Ces petits troupeaux pâturent tantôt en savane, tantôt dans d'anciennes cultures abandonnées, tantôt même reçoivent à l'étable une meilleure nourriture en fourrage ou en racines. Ce système donne les meilleurs résultats. M. F. Gaillot le pratique du côté de Kourou. Les animaux sont plus forts et plus gras que dans les savanes et sont très estimés à Cayenne comme viande de boucherie (viande du pays) qui se vend plus cher que celle qui provient de l'Orénoque.

Quand on a fait le choix d'une savane *double* assez vaste, où le bétail peut trouver en toute saison de gras pâturages et de l'eau, on doit choisir une place saine, élevée pour le parquer et le mettre autant que possible à l'abri des grandes pluies, en construisant de vastes carbets ou hangars dans le haut desquels on dispose un réduit pour le ou les gardiens. On choisit de préférence, à cet effet, un banc de sable. Le parc que l'on nomme corral dans les pays espagnols, devra être agrandi à mesure que le troupeau multipliera. Autour du hangar ou des hangars, on limitera des enceintes de pieux à ciel découvert assez vastes, avec des compartiments qui serviront à mettre à part les animaux qu'on veut isoler et surveiller. Dans ces enceintes, où le sol fumé naturellement est propice à la venue d'une herbe choisie on peut enfermer les Vaches prêtes à vêler, ou celles qui ont des petits trop jeunes ou encore les animaux blessés ou souffrants. Pour ces enceintes on pourrait se servir avantageusement de la ronce artificielle fortement tendue entre des piquets espacés de 1 mètre à 1^m 50.

Ces dispositions préliminaires étant prises, on peut mettre dans la savane les premières têtes de bétail. Le retour des pluies en décembre, est la saison la plus propice. Il faudra choisir des bêtes saines, dociles surtout, acclimatées déjà à la vie de la savane; se bien garder par exemple de transporter des bœufs d'une savane très riche dans une savane plus pauvre; c'est le contraire qui doit avoir lieu. On ferait bien pour cela de prendre des bêtes au Contesté, à Mapa par exemple, ou à Marajo, où une jeune Vache coûte 25 à 30 francs. Il ne faut pas non plus aller trop vite de façon à habituer les Vaches nouvelles aux habitudes du troupeau déjà formé que l'on oblige à revenir tous les soirs au parc où il trouve de l'herbe verte choisie, mélangée d'un peu de sel, un abreuvoir d'eau claire, et des feux pour la nuit, la *boucane*, comme on dit à la Guyane, qui chassent les insectes nuisibles et les moustiques.

Il est bon d'accoutumer le bétail à rentrer à l'appel d'une trompe ou corne.

Tous les matins le ou les gardiens passent en revue les animaux, pour voir s'il n'y a pas de blessés ou de malades et détruire au besoin les tiques à ceux sur lesquels on en aperçoit. Le troupeau sort sous la conduite du Taureau appelé Maître-parc. Un seul Maître-parc suffit à 30 vaches et même à 50, s'il y a quelques jeunes Taureaux. Quand le troupeau est plus nombreux, il faut le diviser et faire de nouvelles installations.

On détruit les Tiques en les touchant avec un pinceau trempé dans la benzine ; les autres insectes Acarides, Chiques, Vers macaques sont détruits par le pétrole et l'infusion de tabac.

On doit visiter tous les jours la cicatrice ombilicale des jeunes Veaux pour s'assurer qu'il ne s'y engendre pas de ver.

En général, dans une hatte qui réussit, le troupeau double en quatre ans.

On châtre les mâles au fur et à mesure et on les vend entre trois et quatre ans.

Il faut avoir soin d'incendier les savanes tous les ans, pendant la saison sèche, avant les premiers grains d'octobre et de novembre. Cette opération détruit les herbes hautes et dures et provoque de jeunes repousses tendres; au surplus, elle détruit une grande quantité d'insectes et d'animaux malfaisants.

En résumé, on peut assurer qu'à la Guyane, les troupeaux de bêtes à cornes bien soignés et placés dans de bonnes conditions, peuvent prospérer et multiplier, et l'élevage pourrait s'y faire en grand dans les localités déjà nommées.

Le Buffle

Le Buffle originaire de l'Asie intertropicale, est la bête de trait et de travail par excellence des pays chauds et humides. Il se plaît dans les marécages et pâture les herbes les plus grossières. Il réussit très bien à Saint-Laurent du Maroni où l'Administration pénitentiaire en possède un magnifique troupeau qui va prospérant. Les Buffles sont dociles et se reproduisent très bien. Ils sont employés aux charrois et aux plus rudes travaux, attelés à la mode italienne, par couple.

La couleur du Buffle malais est d'un gris foncé tirant sur le bleu. La peau porte quelques poils noirs rares, sauf dans l'intérieur des oreilles où ils sont gris; le mufle est très noir. Il est un peu plus gros et plus long qu'un Bœuf ordinaire, ses cornes sont annelées et pourvues d'une arête longitudinale.

Les femelles portent 10 mois et peuvent être fécondées à 3 ans. Sa viande n'est pas aussi bonne que celle du Bœuf; mais les jeunes ont une viande plus tendre qui peut servir à l'alimentation. Le lait du Buffle femelle a un goût musqué auquel on s'habitue et est riche en matières nutritives.

Comme nous l'avons déjà dit, le Buffle pourrait être employé au labourage. Il rend de grands services au Para dans ce genre de préparation des terres.

La Chèvre et le Mouton

La Chèvre ou *Cabrit*, comme on l'appelle à la Guyane, réussit très bien, mais cause de grands dégâts dans les cultures et dans les plantations. La Chèvre de la Guyane est plus petite de taille que celle de France, mais elle donne beaucoup de lait. C'est une res-

Un saut de l'Oyapock (d'après une photographie).

source du pauvre. Elle vit très bien sur le littoral et dépérit dans l'intérieur ou dans les placers à cause de l'humidité.

Le Mouton a un grand avantage sur la Chèvre, facile à garder, paissant par terre et par troupe, il n'est pas difficile sur le choix de la nourriture et sa multiplication et sa croissance sont rapides. Il s'acclimate facilement à la Guyane sur les terrains secs filtrant bien l'eau, exposés aux brises de mer sur le littoral, ou sur les dunes de sables, mais il perd peu à peu sa laine, et, à la quatrième ou cinquième génération, elle est remplacée par un poil court et très fin.

Il faut éviter, autant que possible, l'humidité et faire parquer le troupeau dans un endroit sec, de préférence sur un plancher élevé.

On trouve des Moutons à la Guyane à Iracoubo et à Saint-Laurent où l'Administration pénitentiaire en possède un petit troupeau qui serait beaucoup mieux à son établissement des Hattes, à l'embouchure du Maroni.

On arriverait, je crois, à d'excellents résultats en croisant ceux qui sont acclimatés à la Guyane avec les moutons à poil ras de l'Ogôoué et du Congo.

Le Porc

Le Porc lui, s'acclimate partout. A la Guyane il est généralement petit, trapu, gros et court, en général noir ou taché de blanc, la tête est large et courte, les oreilles sont dressées et petites. Sa croissance est plus lente qu'en Europe ; il est moins fécond et il porte beaucoup moins de graisse. Sa viande est ferme et agréable, sinon meilleure que celle des Porcs d'Europe.

A la Guyane, il y a deux façons d'élever le Porc en troupeau libre.

Dans les savanes, ou individuellement et en petit nombre dans les habitations, dans des parcs fermés où on leur apporte régulièrement leur nourriture.

Dans les savanes, le Porc trouve sa nourriture dans les marais : des petits animaux, des mollusques et même des poissons, des vers, des herbes, des racines, notamment le *Maranta arundinacea*, des fruits de la forêt, des graines tombées, commes celles du palmier aouara, dont il est très friant.

L'instinct vagabond des Porcs les pousse quelquefois à errer très loin, il en est ainsi qui se perdent et reprennent les habitudes sauvages dans les forêts vierges où on les trouve aujourd'hui vivant par bandes de dix à cinquante, du littoral au Tumuc-Humac et même au Brésil.

Pour éviter cet inconvénient, il faut habituer les troupeaux de Porcs à rentrer au parc chaque soir, où on les attire facilement en leur distribuant matin et soir des aliments qui leur plaisent, des racines farineuses principalement, avec des débris de morue et de poisson ou même de viande.

L'élevage en parc fermé est assez mal pratiqué à la Guyane. Il demande des soins que les habitants n'ont pas toujours le temps ni le goût de pratiquer.

Il serait avantageux de construire avec des palissades, des parcs à compartiments assez vastes, communiquant entre eux par des portes, de façon à faire passer les animaux de l'un à l'autre et nettoyer de temps en temps le terreau et la litière qui pourraient être employés comme engrais dans les cultures potagères surtout.

Il faudrait donner à manger et à boire aux animaux, trois fois par jour, une moyenne de 5 à 7 kilos au moins d'aliments solides par tête. Le Porc étant omnivore on peut lui donner toute espèce de matières animales ou végétales ; mais la vieille farine, le son, le Maïs, les racines farineuses, les Bananes-cochon, les graines d'Aouara, les rognures de morue, de poisson et de viande lui conviennnent de préférence.

Le Chien

Le Chien vit très bien et s'acclimate facilement à la Guyane, même *le Chien de race* : Chien d'arrêt, Chien courant, Griffon, Basset, Caniche, etc. Les grosses espèces : Danois, Terre-neuve, Montagne, seules y dépérissent au bout de quelques années. Toutefois, grâce à des soins attentifs et à une nourriture substantielle, on peut les conserver assez longtemps.

Le Chien est très utile à la Guyane pour la garde et pour la chasse en forêt. Par le croisement, les espèces d'Europe diminuent de taille, et à la 3e ou 4e génération ne sont plus que des roquets de 0,35 à 0,40 c. de hauteur, excellents pour la chasse.

Pour la chasse en savane, on peut se servir du Chien d'arrêt, mais dans la forêt vierge, ils ne sont guère utiles.

Les Bassets courants et les Terriers sont la meilleure race à introduire dans le pays. Ils passent partout dans les fourrés et les lianes et rentrent même dans les trous, à la poursuite des Agoutis ou des Pacs. Les chiens courants de grande taille se prennent par le cou dans les lianes entrelacées et il m'est arrivé souvent d'être obligé de m'arrêter dans une chasse intéressante, pour aller délivrer un de mes grands chiens enchevêtré, à demi étranglé par des nœuds de lianes.

Il y a à la Guyane plusieurs espèces de Chiens sauvages inconnues des naturalistes, notamment une petite à poil fauve, taille 0,40 c. de hauteur sur 0,80 de longueur ; le cou gros et court, le museau noir, les yeux roux à pupille dorée tirant sur le rouge, les oreilles courtes et droites noirâtres et dépourvues de poil ; un petit moignon de queue. Ils vivent par couple ; ils n'aboient pas et poussent un petit hurlement aigu et strident qui leur est particulier. Les Indiens les capturent quand ils traversent à la nage les fleuves à la poursuite de quelque daim ; ils élèvent leurs petits et les croisent avec leurs Chiens pour en obtenir une race excellente pour la chasse.

La Poule

Trouvant plus de facilité à se nourrir dans les bois et les fourrés de la Guyane, plus d'insectes, plus de vers et autres substances qui lui conviennent, la Poule réussit mieux à la Guyane qu'en Europe. Les habitants qui en ont ne s'en occupent pour ainsi dire pas. Elles viennent percher le soir sur les arbres, dans le voisinage des habitations.

Mais dans les endroits où existent les Chauve-souris vampires, il est bon de leur construire un poulailler, qui demande une attention particulière, exactement clos avec des ouvertures fermées avec du grillage métallique, de façon à donner le plus d'air possible.

Les perchoirs et les nids sont disposés comme en France ; mais il faut avoir soin de les tenir dans un état d'irréprochable propreté. Il faut râcler et balayer le poulailler tous les jours.

On doit y faire de temps en temps des fumigations à la vapeur de résine ou de soufre, pour y détruire la vermine et les insectes. Il faut autant que possible avoir une chambre particulière attenante, plus obscure, réservée aux couveuses.

La Sarigue ou Pian en créole, est un ennemi redoutable pour les poulaillers où elle cherche à s'introduire ; mais on peut s'en préserver en allumant tous les soirs dans le poulailler une petite lampe dont la lumière l'éblouit et la trouble à ce point qu'elle se laisse facilement surprendre. De plus gros carnassiers : l'Aïra, le Coati ou Couachi, le Chat tigre, viennent aussi rôder autour des habitations ; mais les Chiens les éloignent. Les Aigles et autres oiseaux de proie exercent aussi des ravages dans les poulaillers quand ils ne sont point gardés. De gros Lézards, des Couleuvres, des Serpents venimeux dévorent aussi quelquefois les petits Poussins que l'on doit, pour cela, garder près de l'habitation quand ils sont encore trop petits.

Une Poule coûte à Cayenne 4 fr. 50 et 5 francs et un œuf de 0 fr. 20 à 0 fr. 30 centimes ; on voit par là de quelle ressource est pour le colon l'entretien d'un bon poulailler.

Le Dindon

Le Dindon, originaire d'Amérique, demande beaucoup de soins et une nourriture plus coûteuse que la Poule ; mais son prix vénal sur le marché de Cayenne est de 15 à 20 francs. Aussi quelques personnes dans le pays les élèvent avec succès.

Le Pigeon

Le Pigeon réussit très bien à la Guyane. Il y pullule sur quelques points. Il faut avoir soin de préserver les pigeonniers des atteintes des Rats, des Fourmis et des Vampires. Il faut aussi avoir soin de s'attacher le Pigeon par une nourriture abondante et convenable.

La femelle pond cinq fois dans l'année et chaque fois deux œufs. A trois mois les petits sont gros et bons à manger. A six mois ils commencent à pondre.

L'élève du Pigeon est donc très avantageuse sous tous les rapports ; reproduction et croissance rapide, peu ou point de surveillance et grande économie de nourriture.

Le Canard

Le Canard de la Guyane est probablement le gros Canard sauvage du pays, que la domestication a légèrement modifié. Il est beaucoup plus gros que le Canard commun d'Europe, est aphone.

et porte au bec une étroite caroncule. Le mâle est plus grand et plus fort que la femelle. A trois mois, les petits sont adultes.

Un Canard du pays vaut à la Guyane de 8 à 10 francs et dans les quartiers 5 et 7 francs.

L'Aigrette

L'Aigrette est un oiseau blanc du genre Héron de la famille des Echassiers qui habite les rivages vaseux des rivières et de la mer. On les chasse surtout pour leurs plumes précieuses, avec lesquelles on fait ces magnifiques Aigrettes qui ornent si gracieusement les chapeaux de nos belles.

Les malheureux qui font cette chasse sont en même temps pêcheurs ; ils vont avec leurs canots légers jusque sur les bancs de vase bordés de palétuviers où fréquentent de préférence les Aigrettes. Ils sont obligés de se mettre nus pour aller dans la vase ramasser leur gibier, et, pour échapper aux piqûres des moustiques et des Maringouins qui obscurcissent l'air de leurs innombrables légions, ils s'enduisent, au préalable, tout le corps d'huile de pétrole.

Une paire d'Aigrettes vaut à Cayenne de 3 à 4 francs, suivant les moments ; ces prix doublent et triplent en Europe. D'un autre côté, rien n'est plus facile à expédier. Malheureusement cet intéressant animal tend de plus en plus à disparaître, parce que les chasseurs, quand vient la saison de la ponte, s'emparent en masse de tous leurs œufs et détruisent leurs nids dans les palétuviers. J'ai vu à Cayenne, au marché, des barils entiers d'œufs de ces oiseaux.

Nous pensons bien qu'il nous suffira de signaler le danger et le mal pour que l'Administration y porte remède en interdisant sévèrement cette chasse pendant 3 ou 4 mois de l'année, époque de la ponte. Comme c'est au marché que l'on porte la viande et les œufs, il serait facile de dresser contravention.

Les Aigrettes s'apprivoisent très facilement. On pourrait les domestiquer et en faire l'élevage, comme on le fait de l'Autruche. On arracherait les plumes précieuses deux fois par an — au moins tous les huit mois.

TROISIÈME PARTIE

EXPLOITATION DES FORÊTS

CLASSIFICATION DES BOIS SUIVANT LEUR USAGE
CONSEILS PRATIQUES POUR L'EXPLOITATION DES FORÊTS

CHASSES ET PÊCHES

EXPLOITATION DES FORÊTS

—

Dans les épaisses forêts qui couvrent la Guyane française, on trouve plus de 600 espèces d'arbres plus ou moins utilisables. Ils poussent droits, élancés, à une hauteur qui atteint souvent 45 et 50 mètres et l'on peut évaluer à 30 et 35 mètres la taille moyenne des grands arbres qui croissent de préférence dans les terres hautes, les plateaux et les petites montagnes de l'intérieur. Les nombreuses rivières qui sillonnent en tous sens le pays, permettent par le

DANS LE PORT DE SURINAM
(d'après une photographie de l'auteur).

flottage, un transport économique, et de nombreuses chutes d'eau dans les criques, facilitent l'installation de scieries économiques, soit au moyen de turbines ou de grandes roues.

Les essais faits jusqu'à présent de cette grande et belle industrie, n'y ont pas produit les résultats qu'on en attendait et qu'on est en droit d'espérer si ce genre d'exploitation y est bien conduit. Cela tient à diverses causes, parmi lesquelles il faut citer au premier rang, l'inexpérience des directeurs et entrepreneurs qui n'étaient pas, au début, suffisamment préparés aux difficultés particulières que présente à la Guyane ce genre d'exploitation.

Malgré tout, disons tout de suite, que l'incertitude ne saurait être permise et que les forêts de la Guyane peuvent y être exploitées en grand très avantageusement.

Les arbres ne se trouvent presque jamais en familles, et sur la grande quantité de bois utilisables, beaucoup sont inconnus en Europe et ont été peu étudiés encore dans leur usage. Il faudrait un volume important pour traiter avec fruit de la question et pour en faire une étude approfondie ; nous devons nous contenter ici de généralités et de conseils pratiques qui peuvent mettre sur la voie ceux qui voudraient créer à la Guyane ou au Contesté, ce genre d'industrie.

L'exploitation des forêts à la Guyane doit être surtout l'accessoire obligé des cultures industrielles, des exploitations des mines ou d'autres industries pratiquées par de grands propriétaires ou de grandes compagnies. Le défrichement raisonné et pratique de la forêt vierge destinée aux cultures doit non seulement couvrir tous les frais d'installation, mais encore donner des bénéfices certains. Beaucoup de petits colons guyanais commencent par défricher un terrain de forêt en y construisant de distance en distance des meules pour la fabrication du charbon de bois, qu'ils vendent à la ville ou dans les bourgs circonvoisins 2 et 2 fr. 50 l'hectolitre. Or, un stère de bois donne en moyenne 3 hectolitres de charbon. Il est facile d'établir avec ces données, le bénéfice plus que suffisant produit par cette façon de travailler. Au surplus, le petit colon met au fur et à mesure les bois précieux de construction qu'il vend à la ville ou qu'il emploie en partie à la confection ou à la réparation de son habitation. Tout en continuant son défrichement productif, il fait ainsi progressivement ses plantations agricoles ou potagères qui prospèrent aussitôt dans un terrain neuf, riche en humus fertile.

En résumé, la condition *sine qua non* de la réussite est l'emploi judicieux et raisonné du plus grand nombre possible d'arbres qui poussent dans la forêt vierge.

Liste par ordre alphabétique, des bois les plus connus de la Guyane française, présentés sous leur dénomination créole

Acajou, *Cedrala* (méliacée), bucabally, Démérary.

Aioua, aiaoua icica, *Connarus* (thérébinthacée).

Angélique, *Dicorenia* (légumineuse), Kabakally, Dém.; barklat, Surinam.

Bagasse, *Bagassa guianensis* (artocarpée).

Bois bagot, une légumineuse peltogyne? *copaifera*? purple heart, Dém, ; zudrat, Sur.

Balata, *Mimusops balata* (sapotacée), bullet tree, bully, buruca, Dém.

Balata indien, *Labatia macrocarpa* (sapotacée).

Banane (bois) *Apeiba* (tilliacée).

Boco bocoa, aublet (légumineuse) ; étaballi, Dém.

Bois balle *Guarea* (méliacée).

Bougouny, *Inga bougoni* (légumineuse).

Bois calalou apeiba (tilliacée).

Bois cannelle (laurinée) *Acrodiclidium canella*.

Calebassier, *Crescentia cujete*.

Canari macaque, *Lecythis grandiflora*, kakarally, Dém.

Caoutchouc, *Hevea guianensis* (euphorbiacée).

Bois canon cécropia, pourouma (artocarpée).

Carapa, *Carapa guianensis* (méliacée), crab wood, Dém.; krapa Sur.

Cèdre, diverses laurinées, sirnabally, geel hart, bisi, pisi, biribu beeberu.

Cœur dehors, *Diplotropis* (légumineuse).

Copahu *Eopaifera* (légumineuse).

Copaia ou coupaia, *Jacaranda copaia* (bignoniacée).

Couaye, qualéa (vochysiée).

Coupi, coupia, acioa (chrysobalanée) water ropic, Sur.

Couratari, *Couratari* (lécythidée), ingipipa, Sur.

Courbaril *Hymenæa* (légumineuse), locust ou zocus, Sur.; locust tree ou simiri, Dém.

Bois cruzeau, *Vochysia* (vochysiée).

Bois dartre, *Vismia* (hypéricinées):

Ébène verte, *Tecoma leucoxylon* (bignoniacée).

Encens, *Icica* (thérébinthacée).

Bois flambeau, *Toulicia* (sapindacée).

Bois de fer, *Sideroxylon* (sapotacée) ; *Mouriria* (mémécylée).

Figuier, *Ficus urostigma* (artocarpée).

Fromager, *Eriodendron* (bombacée).

Gayac, *diptérix*, syn. coumarouna, Aubl. (légumineuse) ; tonka ou cuamara, Dém.

Génipa, *Genipa*? (rubiacée).

Bois grage, *Apeida aspera* (tilliacée).

Goyavier ou bois goyave, divers psydium, eugénia, myrcia, (myrthée).

Grignon, *Bucida* (combrétacée), Wane Sur.

Grignon fou, *qualea* (vochysiée), *cascaria prccera* (samidées) byr-sonima ? (malpighiée).

Bois grigri, *Parinarium* (crysobalanée).

Bois gaulette, diverses chrysobalanées, diverses mélastomacées.

Guinguamadou, *Myristica surimamensis* (myristicées) bali ou dari, Dém.

Immortelle, *Erythrina* (légumineuse).

Jaune d'œuf, *Lucuma rivicoa* (sapotacée).

Bois Saint-Jean, *Panax morototoni* (araliacée).

Jéjérécou, *Xylopia* (anonacée), yari yari, lancewood ? Dém.

Bois lait (apocynée), hyahya, yaruri, paddewood. Dém.

Bois de lettre, *Brosimum aubletii*, syn. piratinera, aubl. (arto-carpée).

Letter houte, bourracoura, paira, letter wood. Sur. Dém.

Langoussi, *Terminalia tanibouca* (combrétacée).

Bois macaque, *Pithecolobium*, acacia (légumineuse).

Maho, arbres très divers, *Lecythix* (lécythidée) *Hibiscus* (malvacée) etc.

Mani, *Moronobea coccinea* (clusiacée), maniballi.

Maria congo, *Lecythis*.

Mencoa (antidesmacée?)

Mora, *Mora excelsa* (légumineuse), exploité dans l'intérieur de la Guyane anglaise, se trouve également dans le haut des rivières, dans le Maroni. Très bon bois.

Mombin, *Spondias, mauria* (térébinthacée).

Mouchigo, *Myristica* spec.

Moureila, *Byrsonima* (malpighiée).

Moutouchi, *Moutouchi suberosa* (légumineuse).

Ouacapou, Ouapa. Voyez Wacapou, Wapa.

Pagelet, *Caraipa*? (feastramiacée).

Bois pagaïe, *Swartzia* (légumineuse).

Bois parasol, *Cordia umbraculifera* (borraginée).

Palétuvier blanc, *Avicennia* (verbénacée) baboen, Sur.

Palétuvier rouge *Rhizophora mangle* (rhizopharée).

Petit palétuvier, *Languacularia* (combrétacée).

Palétuvier montagne, *Clusia, Terustræmia*.

Panacoco, *Ormosia* (légumineuse), barakara, Sur.

Parcouri, *Clusia, Rheedia, Calophyllum* (clusiacée), coopa, wild mammey, cowassa, Dém.

Pékéya, caryocar (rhizobolée).

Bois pian, dit aussi bois puant, *Gustavia pterocarpa*, syn. pirigara, aubl. (myrthée tribbarringtoniées).

Poirier, *Couma guianensis* (apocynée).

Préfontaine (légumineuse).

Bois rouge (légumineuse).

Bois rouge tisane, *Humirium* (humiriacée), diverses chrysobalanées.

Rose mâle (laurinée), *Acrodiclidium*.

Sassafras (laurinée), *Acrodiclidium chrysophyllum*.

Satiné, *Ferolia* (artocarpée), washiba, Dém.

Schawari caryocar (rhyzobolée) sewari.

Simarouba, *Simarouba* (simaroubée).

Taoub (laurinée).

Tamarin, *Tamarindus indica* (légumineuse).

Bois violet peltogyne (légumineuse), syn. *Vouaoa simira*, Aubl. purpur hart.

Wapa gras, *Eperea falcata* Aubl. (légumineuse) wallaba, Dém.

Wapa sec, *Vouapa bifolia* Aubl. (légumineuse).

Wacapou, *Andira Aubletii*, syn. *Vouacapoua am*, Aubl. (légumineuse) bruin hart Sur.

CLASSIFICATION DES BOIS SUIVANT LEUR USAGE

Suivant leur emploi et leur usage, on peut classer les bois de la Guyane en quatre catégories principales :

1° Bois très durs incorruptibles, propres à la charpente dans les pays chauds ;

2° Bois de sciage à texture égale et homogène ;

3° Bois d'ébénisterie ;

4° Bois pouvant servir à la distillation (essence de rose, acide pyroligneux, acide acétique) et à la fabrication du charbon de bois.

PIROGUES ET CANOTS DU PAYS

Les bois durs et incorruptibles ont un tissu très serré et leur aubier même, d'une grande dureté, se distingue à peine du cœur. Ils sont généralement imprégnés de substances plus ou moins gommo-résineuses, alliées au ligneux ; tels sont le gaïac, le courbaril, qui fournit la gomme résine copal qui sert à la fabrication du vernis du même nom ; le bois de campêche. D'autres contiennent beaucoup de tannin qui aide également à leur incorruptibilité, qualité très précieuse sous les climats chauds et humides.

Le Wacapou est le meilleur bois de charpente et le plus employé à la Guyane. Malgré sa dureté, il se travaille assez bien et durcit en vieillissant. On le reconnaît dans les forêts de l'intérieur à son tronc, marqué de côtés saillants et de dépressions et aussi à la couleur gris foncé de son bois.

Le Préfontaine et le Cœur dehors viennent ensuite, mais s'emploient beaucoup moins à cause de leur rareté plus grande et de la difficulté de les travailler.

Le Gaïac est encore plus dur et plus lourd que les précédents. Peu employé à cause de sa dureté ; il se prête bien au travail du tour et pourrait servir à la fabrication de pièces demandant une grande résistance.

Le Balata est aussi très employé comme bois de charpente, à Cayenne. Son grain est très fin, d'un rouge sombre et si compact qu'on n'y distingue pas de pores. C'est un arbre commun qui présente beaucoup plus d'intérêt comme arbre à gutta-percha que comme bois de charpente.

L'Ébène verte, bois jaune, très dur et très égal.

La Wapa gras est un des plus employés avec le wacapou. C'est un arbre très intéressant, qui mérite une mention spéciale. Il est relativement léger, rouge foncé, très commun au bord des fleuves et des rivières et pousse indifféremment dans les terres basses et hautes. A la Guyane il sert à la confection des bandeaux.

Le cœur du Wapa ne pourrit, ni dans la terre ni dans l'eau ; il y durcit au contraire. Il servirait avantageusement pour le pavage en bois de nos rues et comme traverses de chemin de fer et boisage de mines.

Il se scie très facilement et pour cette raison peut aussi être classé dans les bois de sciage. On le reconnaît facilement à ses fleurs roses et à ses gousses plates pendues au bout d'un long pédoncule.

L'Angélique, plus léger que le Wapa, possède à un moindre degré les qualités de ce dernier. Il fait rouiller les clous qu'on y enfonce.

Toutefois, il durcit et se conserve très bien dans l'eau de mer ce qui le rend propre aux constructions navales. C'est un arbre assez commun dans les forêts, de grande dimension, portant à sa cime de fortes branches courbées.

Le Courbaril, gros arbre commun sur les bancs de sable de la côte, reconnaissable à ses grosses branches en courbe vers la cime. Son bois est brun rougeâtre, d'une dureté moyenne, homogène et se travaillant bien dans tous les sens. Il peut être employé en charpente, en menuiserie, en ébénisterie, en mécanique et pour les constructions navales. Le Courbaril fournit une variété de gomme copal.

Le Bois pagaïe à grain fin et liant se travaillant bien dans tous les sens ; de dureté moyenne, sert surtout dans le pays à fabriquer des pagaïes, comme son nom l'indique.

Le Rose mâle est un des meilleurs bois de conservation de la colonie. Son bois est jaune pâle, odorant, se travaille parfaitement. On en extrait, à Cayenne, de l'essence de rose par la distillation. De toutes façons c'est un bois très estimé.

Le Bois violet qui est plutôt un bois d'ébénisterie, remarquable par sa belle couleur, se travaille très bien quand il est frais. Son grain est uni et il durcit en vieillissant. Les Indiens en font des arcs, des peignes en bois et divers objets sculptés de leur industrie. L'arbre est commun dans l'intérieur, il flotte dans l'eau et on le trouve dans certaines régions du Maroni en abondance.

Le Bagasse se travaille très bien dans tous les sens. C'est un bois de conservation, sans être lourd, qui sert surtout à la confection des pirogues indigènes dans la colonie. Très bon bois de constructions navales.

Le Schawari est surtout employé dans les constructions navales du pays.

Après ces espèces de bois incorruptibles qu'on nomme dans le pays, les bons bois, il en est d'autres qu'il convient de citer et qui pourraient être employés aux Antilles par exemple, dans des pays chauds et secs ; tels sont : les diverses espèces de bois de fer, qui, malgré leur tissu extrêmement serré, lourd et résistant, très dur, les rendraient propres à divers usages ; le Bois goyave et diverses myrtées, le Canari Macaque et divers Mahots, grands et beaux arbres de la forêt, reconnaissables à leurs fruits creux déhissant en forme de marmite ou de coupe et à leur écorce feuilletée, comme celle des papyrus. Les Indiens frappent cette écorce, la divisent en minces feuillets et roulent dedans, leur tabac, pour en faire de longues cigarettes.

Découpée en lanières minces, elle leur sert à confectionner des cordes, des hamacs et divers objets de leur industrie. Elle pourrait avantageusement être étudiée et employée comme textile dans l'industrie européenne. Divers Bois Macaques (Acacia) gros arbres très durs, résistant à la hache, mériteraient d'être étudiés et plus connus. Des variétés dures de Bois gaulette; le Coupi et divers bois dits Bois rouges tisane sont abondants dans les forêts, et mériteraient aussi d'être étudiés dans leur usage.

Bois de sciage

Les meilleurs bois de sciage de la Guyane sont par dessus tout le Grignon, les Cèdres et l'Acajou.

Le Grignon est un gros arbre très grand et très droit ; son bois est très égal et très sain, d'une couleur rougeâtre pâle. Il n'est pas tout à fait aussi dur que le Chêne d'Europe, mais il se scie bien plus facilement, surtout quand il est frais. Il est d'un usage constant dans les placers, pour la confection des dalles de lavage. A Cayenne, on l'emploie au revêtissage des cases, en cloisons, en bordages, en charpente et en lames de plancher. Il sert aussi dans la menuiserie et dans la construction des pirogues.

Une variété : le Grignon fou ou Conaïe, très commun dans les forêts, est d'une qualité inférieure, mais sert avantageusement à divers usages dans l'intérieur des maisons, à l'abri des intempéries.

Un défaut du Grignon est de se rétracter en séchant.

Les Cèdres (laurinées) moins durs et plus légers que le Grignon,

CASES DE MINEURS (Haut Sinnamary) PLACER St-ELIE.
(d'après une photographie (Paru au *Tour du Monde*).

ont un bois d'une cohésion très égale et d'une résistance homogène dans tous les sens, se sciant très facilement. L'odeur dans le Sassafras et dans le Bois cannelle (qu'il ne faut pas confondre avec le Cannelier) est très vive et sert à éloigner les insectes et à assurer leur conservation.

Le Cèdre jaune et le Cèdre brun foncé, le Sassafras ou Rose femelle, très odorant, de couleur jaune, sont les plus estimés et servent aux mêmes usages que le Grignon.

Le Bois cannelle est un peu plus dur que les précédents et comme eux, d'une odeur très vive et de bonne conservation.

Le Taoub se trouve surtout au Contesté où il sert à la construction des tapouyes.

Beaucoup de laurinées de terre haute que j'ai trouvées dans les bois du Maroni et sur les placers de Carsevenne présentent un bois excellent et sont connues seulement des vieux placériens et coureurs de bois, qui les emploient dans la confection de dalles de lavage de l'or et des pirogues. Leur bois, odorant, à l'aspect soyeux et chatoyant, se travaillant bien dans tous les sens, pourrait servir à la confection de très beaux meubles.

L'Acajou, analogue aux précédents comme bois et comme aspect, est plus tendre et se conserve très longtemps, grâce au principe amer dont il est imprégné. Il est très recherché pour la fabrication des armoires et autres meubles, aussi est il d'un prix élevé dans la colonie même. C'est un bois différent de l'Acajou des ébénistes de France, ce dernier venant d'Haïti et du Honduras lui est supérieur.

Le Carapa possède à un moindre degré les propriétés de l'acajou. Il se travaille bien, se conserve longtemps ; mais l'arbre a le défaut de se fendre quelquefois quand on l'abat. Parmi les bois durs que nous avons déjà cités, beaucoup sont propres au sciage en madriers et en planches : le Wapa, le Bagasse, le Rose mâle, le Schawari, le Courbaril, l'Angélique, le Bois pagaie, le Parcouril. Certains bois mous, tels que le Simarouba, inattaquable par les insectes, bois blanc, tendre et léger ; le Bois rouge, le Mouchico rouge, le Coussapoa, le Bois sucré Guingamadou.

Parmi les arbres inutilisables comme bois de sciage, citons : le Figuier, le Fromager, arbre énorme qui atteint 50 et 60 mètres de hauteur, le Mani, les arbres à encens, le Moureïla, le Monbin, etc.

En résumé, les divers bois de sciage que nous venons de citer sont bien supérieurs aux bois blancs d'Europe où ils seraient d'un très bon usage.

———

Bois d'ébénisterie

Les bois précieux d'ébénisterie sont par excellence, ceux qu'on trouvera bénéfice à exporter en Europe, et qui doivent servir de base à l'exploitation. Leur supériorité, reconnue aujourd'hui, les fera demander de plus en plus pour la confection des meubles, l'art du luthier, la marquetterie, la sculpture en bois, la carrosserié, etc. Le transport de ces bois débités en madriers de 4 mètres ou en billes de même longueur, serait facilement et à peu de frais fait par les navires de commerce de Nantes, de Bordeaux et du Havre qui tous, relèvent de Cayenne sur lest pour les Antilles.

Les plus beaux bois d'ébénisterie de la Guyane et du Contesté sont :

Le Bois de Lettre, ainsi nommé à cause des petites mouchetures noires, plus ou moins semblables à des lettres, dont il est marqué. C'est un bois très dur, compact et lourd, susceptible du plus beau poli, mais très noueux et difficile à travailler. On en distingue deux sortes ; le Lettre moucheté, le Lettre rouge ; ce dernier, moins beau que le précédent, est d'un brun rouge clair, avec quelques veines noirâtres, faiblement accusées. Quand les veines sont plus apparentes, on le nomme Bois de Lettre rubanné. L'aubier de ces arbres est pâle et inutilisable. Les meilleurs de ces bois sont ceux que l'on trouve abattus et séchés depuis longtemps à terre dans la forêt ; le cœur, qui s'est conservé intact, a pris en vieillissant une riche coloration.

Le Satiné rouge ou Bois de Féroles, est un bois magnifique, il est très uni, compact et d'une très belle couleur rouge, se travaille bien et se débite sans déchet. Une variété : le Satiné rubané, est plus pâle, à veines onduleuses qui ont un miroitement soyeux qui lui a valu son nom.

Ces deux sortes de bois sont les plus précieuses et les plus recherchées, pour l'ornementation et la fabrication des meubles.

Le Boco est un bois très dur et très lourd, mais se travaillant bien dans tous les sens, d'une couleur jaune brun, avec un cœur noir très foncé. L'aubier, même, est utilisable et très dur. Avec ses deux couleurs caractéristiques et tranchant vivement l'une à côté de l'autre, il est très estimé pour les panneaux des meubles, des tiroirs, pour la sculpture en bois, l'art du luthier et les travaux de tour.

Le Bois Bagot est avec le Boco un bois des plus beaux ; l'aubier, entièrement utilisable, est d'un blanc pur et le cœur est du plus beau pourpre. C'est un bois magnifique, dont les couleurs tiennent bien en vieillissant.

Le Bois violet, dont nous avons déjà parlé dans les bois durs, est d'un violet très franc, qui s'assombrit en vieillissant. Très commun dans l'intérieur, facile à travailler et à scier, c'est un des bois dont on peut tirer le plus de profit.

Le Moutouchy grand bois est veiné par de longues lignes de violet, de brun clair et de blanc pur.

Le Panacoco est noir, de grande conservation ; mais il est moins beau que l'ébène du commerce.

L'Acajou (Voir antérieurement *bois de sciage*).

Le Courbaril a le cœur brun rougeâtre clair, ressemble assez à l'Acajou ; il se travaille facilement, ce qui le rend propre à la sculpture en bois. Il a l'avantage de pouvoir fournir des plateaux de grandes dimensions et il se trouve en abondance sur les bancs de sable de la côte.

L'Ébène verte est un bois brun foncé quand il a été veiné. C'est un bois très dur, très sain et susceptible de fournir, comme le précédent, de vastes tables sans nœuds ni crevasses.

Le Pataoua est un palmier dont le bois est formé de veines alternativement noires et blanches, qui peut être poli et a un aspect particulier qui le fait rechercher pour la confection des cannes, des encadrements et comme incrustation en bandes étroites dans la marquetterie. On l'expédie en France sous forme de lattes, que l'on retire de la périphérie du tronc, là où il est le plus dur.

Tels sont les principaux bois d'ébénisterie de la colonie ; on peut y ajouter encore quelques arbres, tels que le Cœur dehors, le Copahu, etc., principalement dans la famille des légumineuses.

En général, les bois que nous venons de citer ont peu de rétraction en séchant. Quelques-uns : l'Ebène verte, le Boco, le Gayac, le Bois Bagot, le Bois violet, n'en ont presque pas, 1/2 dixième environ ; ils sont, pour cette raison, plus susceptibles que les bois plus poreux et les bois mous, qui perdent jusqu'à 4, 5 et même 6 dixièmes de leur poids en séchant, de supporter les climats secs de l'Europe sans se détériorer et se fendre ; c'est la raison pour laquelle ils doivent servir de base à l'exploitation forestière.

CONSEILS PRATIQUES POUR L'EXPLOITATION DES FORÊTS

Nous l'avons déjà dit : l'exploitation économique et pratique de toutes les essences, telles qu'elles se présentent, doit être accompagnée ou suivie par des cultures industrielles : Café, Cacao, Roucou, etc., (voir *ante*), et peut surtout être pratiquée avec succès par un grand propriétaire ou une grande compagnie.

Les terrains vierges à exploiter seront toujours riverains des rivières, sur des terrains en pente, de préférence, pour faciliter le halage des pièces.

Règle générale : Il faut couper les arbres à la saison sèche, ou au moins dans la saison des pluies modérées, au moment des faibles marées, pendant le quartier de lune, alors que la montée de la sève se ralentit ; laisser l'arbre à terre avec toutes ses branches pendant quelques jours, de façon à en épuiser toute la sève ; ébrancher, tronçonner et équarrir sur place les bois poreux et ceux dont l'aubier est inutilisable : les essences dures et incorruptibles peuvent, sans inconvénient, rester longtemps à terre dans la forêt.

A la saison des fortes pluies, on profite des hautes eaux pour amener les bois au bord de l'eau et les disposer en radeaux pour les conduire à la scierie.

Pour construire les radeaux, dans les rivières assez larges, on mélange les bois légers et les bois lourds de telle façon qu'on puisse avoir une flottaison suffisante. Les amarrages se font avec les lianes de la forêt, notamment la *Liane franche*.

Dans les petites criques, on se sert avec avantage d'une pirogue aux deux côtés de laquelle sont attachées des pièces de bois en nombre ou en poids égal.

Les radeaux seront munis d'ancres à jet, que l'on mouille à l'arrière si l'on est menacé d'un danger quelconque. On retient et on empêche ainsi le radeau de se heurter contre les rives, dans les contours où le courant est trop rapide. Au besoin même, on peut revenir en arrière. Le danger évité, une embarcation relève l'ancre à jet et la ramène au radeau.

Les scieries les plus économiques et les plus pratiques sont celles qui seront établies sur une chûte d'une moyenne crique de 8 à 9 mètres de large, au moyen de turbines horizontales immergées, recevant latéralement le mouvement par un puissant courant d'eau ouvert dans la muraille naturelle de la roche.

Les meilleures scies sont les scies circulaires et la scie à ruban enroulée comme une courroie sur deux tambours. On pourrait aussi pratiquement se servir pour la transmission de la force, de grandes roues verticales, faisant leur prise d'eau au moyen de dalles et de canalisations à flanc de montagne. Ces installations faciles ne seraient que provisoires et pourraient être renouvelées et transportées sur des points plus riches en bois précieux, en amont ou en aval de la rivière et de ses affluents. C'est le procédé à employer dans les petites criques, d'où il sera toujours plus facile ensuite de transporter au moyen de pirogues ou de légers chalands, les planches, les madriers, et même les plateaux de bois d'ébénisterie.

Dans les rapides et les sauts des grands cours d'eau, on pourrait encore adopter une hélice noyée dans de grands courants. Ce moteur tournerait constamment, et au moyen d'une chaîne sans fin engraînée sur un pignon mobile sur son axe, avec embrayage et

Un chantier forestier (d'après une photographie)

débrayage, mettrait en mouvement l'arbre de force d'une grande scierie, ou l'arrêterait à volonté.

Une scierie établie sur un bateau plat, au moyen d'une machine à vapeur chauffant au pétrole ou au bois, serait également très pratique. On obtient aujourd'hui facilement une force de 15 à 20 chevaux avec des machines de peu de poids et d'un petit volume. Une transmission spéciale pourrait actionner une hélice, et la scierie flottante pourrait se transporter à volonté, le long des fleuves et des rivières navigables, sur les lieux mêmes de l'exploitation et même accoster les navires aux ports d'embarquement pour y transborder planches, plateaux et madriers.

Ce système nous paraît être le plus pratique et le plus économique et mériterait d'être essayé à la Guyane ou dans quelque autre de nos colonies.

Le Caoutchouc

Le caoutchouc, ou gomme élastique, est aujourd'hui un produit si connu, si universellement employé, qu'il devient de plus en plus une substance précieuce dont le prix augmente tous les jours. C'est une des principales richesses des forêts intertropicales. L'arbre qui le produit : l'Hevœa guianensis (plusieurs espèces), croît à la Guyane par pieds isolés, mais assez nombreux dans quelques régions pour y être exploité avec avantage, et c'est bien à tort que l'on a cru jusqu'ici qu'il était assez rare. Il est commun dans les terrains d'alluvion fertiles du Maroni et de ses affluents, dans l'Oyapock et surtout dans l'ancien Contesté franco-brésilien, où on l'exploite avec succès, dans l'Araguary, à Mapa et à Counani.

Jusqu'à présent, les indigènes, Indiens et nègres Boschs et Bonis ne veulent pas ou plutôt ne savent pas tirer parti de cette principale richesse de leurs forêts, si facile à récolter pourtant. Il faudrait les instruire dans ce sens, et il est certain qu'une équipe de chercheurs prise au Para et conduite au Maroni y obtiendrait de beaux résultats

L'arbre se reconnaît aisément à ses feuilles trifoliées, à son fruit trigone, s'ouvrant en six valves et renfermant trois amandes, et surtout à son suc laiteux qui sèche et se coagule en gomme élastique de couleur brune et noire.

Au commencement de la saison sèche, les chercheurs de caoutchouc remontent les rivières et explorent les forêts. Ils campent sur un point quelconque reconnu favorable à l'exploitation. Ils coupent les bois environnants de lignes ou sentiers dans tous les sens et marquent les arbres. Pour recueillir le suc, ils font généralement une incision verticale avec des ramifications latérales obliques en forme de V permettant au latex de couler dans l'incision principale au bas de laquelle est disposée une petite calebasse fixée sur le tronc. On aide généralement à la coagulation, par la chaleur.

Au Contesté et au Para, presque toujours le latex de l'Hevœa, qu'on nomme Seringuera, est mélangé avec le suc laiteux d'autres arbres qui ne se coagule pas aussi bien.

Dans ces conditions, on fait chauffer le mélange dans de grandes chaudières que l'on remue avec une longue et fine baguette. Cette baguette s'entoure d'une première couche de gomme que l'on expose dans tous les sens au-dessus du feu et de la fumée, où elle sèche et durcit rapidement en quelques secondes. On replonge successivement la baguette dans le récipient et de nouvelles couches se succèdent ainsi les unes sur les autres, de façon à former une boule de caoutchouc dure, facile à transporter et à conserver. Le produit ainsi obtenu est inférieur à la gomme élastique pure de l'hevœa.

Il serait facile de se procurer des graines de cet arbre et de les planter sous le couvert de la forêt, le long des sentiers, dans des endroits convenablement choisis, en éclaircissant un peu la brousse autour d'eux.

L'arbre pourrait être saigné à 8 ou 10 ans.

L'Administration pénitentiaire, qui n'a pas d'âge, et qui peut attendre, aurait pu tirer parti de ce genre d'exploitation dans ses chantiers forestiers de l'Orapu, du Nouveau Chantier et du Maroni, et il n'est pas douteux qu'elle y eût trouvé une source de richesse et de prospérité. Mais il est toujours temps pour bien faire, et on pourrait commencer dès aujourd'hui ce genre de plantation facile, en y joignant la culture du balata, arbre peu délicat qui pousse lentement mais demanderait encore moins de soins que l'hevœa.

Le *Manihot glaziovii*, ou caoutchouc de Céara, déjà introduit au Sénégal, mérite surtout d'être cultivé à la Guyane où il réussirait très bien. A Fortalezza et au Para, on le nomme Maniçoba. Voici un extrait du journal « Republica de Fortalezza » signé : Rodrigues-Lima et Cie :

« Il faut planter les semences au commencement des pluies en ligne de cinq en cinq mètres, dans les terrains de glaise rouge ou noire en pente douce, ni trop humides ni trop secs, comme le sont généralement ceux avoisinant les rives des *rios*.

« La première année, l'arbre ressemble au manioc.., A l'âge d e 4 ou 5 ans, il atteint son complet développement.

» Dès que le diamètre du tronc aura atteint 10 centimètres, on pourra commencer la récolte de la gomme élastique. On incise avec une hachette, l'écorce du tronc en divers endroits et dans le sens vertical, en ayant soin de ne pas entamer le bois de l'arbre. On fixe au-dessous de chaque fente, à l'aide d'un liquide gommeux, des petits récipients dans lesquels s'égoutte le lait, l'écoulement dure environ trois heures.

» Le latex, amassé dans des récipients, on procède au fumage.

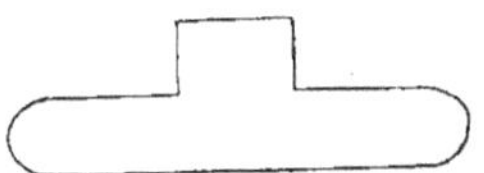

» On verse le latex dans un vase de forme bizarre, comme le représente la figure ci-contre. Sous ce vase, on fait un feu de bois en employant les essences qui produisent le plus de fumée.

» On plonge dans le lait une baguette de bois de forme cylindique et pas trop grosse, la matière y adhère en une couche mince que l'on fait solidifier en l'exposant à la fumée du foyer ; on replonge la baguette dans le vase, et l'on continue jusqu'à ce que l'on ait obtenu le volume désiré.

» Un pied de Maniçoba de 10 centimètres de diamètre peut donner sans inconvénient, 40 centilitres de liquide par an. Les troncs plus gros supportent proportionnellement une plus forte récolte. »

Le prix de la gomme élastique se vend à Londres actuellement, 200 mil-reis les 15 kilos.

Un terrain planté méthodiquement d'arbres à caoutchouc, donnera toujours des bénéfices plus considérables que l'exploitation en forêt, qui ne doit être, dans certains pays, comme dans notre Guyane et dans la Guyane brésilienne, qu'une culture de transition, permettant d'arriver, petit à petit, à la culture idéale et méthodique.

Il faudrait que le Gouvernement accordât des primes pour encourager ces sortes de cultures. Le Brésil, qui est pauvre, accorde des primes de 25 contos de reis (25.000 francs) à toute personne qui, dans le délai de trois ans, prouvera avoir planté et formé dans la province de Sao-Paulo, le plus d'arbres de Mangabeira.

La Mangabeira de Sao-Paulo ne viendrait pas bien en Guyane, parce qu'elle demande des pays secs.

La Gutta-percha ou Gomme Balata

La gutta-percha est une gomme résine, assez semblable au caoutchouc, plus dure et moins élastique, se ramolissant par la chaleur, se durcissant par le froid, Elle est presque aussi demandée que le caoutchouc et devient, comme lui, un produit de plus en plus précieux. On la tirait autrefois de l'Archipel Malais et des Indes Orientales, mais on l'extrait aujourd'hui des arbres d'Amérique de la famille des sapotacées. Celle surtout extraite du Balata de la Guyane, donne une gutta-percha extrêmement fine, dont j'ai pu admirer l'excellence et la pureté à Cayenne et au Maroni, chez M. Hayes, le savant ingénieur agronome de l'Administration pénitentiaire, qui a pu obtenir avec cette gomme les moulages les plus délicats et jusqu'à des semelles de chaussure d'une grande dureté.

On extrait le latex du Balata comme celui du caoutchouc ; mais il faut avoir soin que le système d'incision n'intéresse que l'écorce et légèrement la surface du bois. Le suc laiteux recueilli au bas des incisions, dans une calebasse, se coagule assez promptement ; mais l'ébullition hâte cette coagulation.

La meilleure saison pour la récolte, est toujours la saison sèche, le commencement et la fin, c'est-à-dire en août et novembre ou décembre.

Il ne faut inciser l'arbre que d'un seul côté à la fois, et attendre que la plaie d'un côté soit suffisamment cicatrisée pour l'inciser de nouveau du côté opposé.

Le produit ainsi obtenu, donne une gutta-percha extrèmement fine. On peut en tirer une grande quantité en abattant l'arbre, en le tronçonnant et en aidant à l'issue du suc par des feux allumés autour de son tronc, mais on comprend que cette méthode, qui dépeuplerait vite les forêts, soit rigoureusement interdite par des arrêtés locaux, qui punissent de l'amende et de la prison, ceux qui abattent ainsi ces arbres précieux (1). (Voir *ante Balata*, au chapitre *Fruits*).

Le Balata et les sapotacées sont des arbres assez communs dans les forêts de la Guyane française et de la Guyane brésilienne. leurs fruits abondants et bons à manger ont des noyaux qui germent facilement.

En outre des sapotacées, les apocynées et les figuiers, très communs dans certaines régions, donnent un latex abondant, qu'il serait, je crois, facile de rendre coagulable au moyen de l'ébullition et d'un mélange de caoutchouc et de noir de fumée, par la méthode que j'ai décrite au chapitre précédent.

____

(1) M. Henry Richard, négociant, maire de Cayenne, Président de la Chambre d'agriculture, a fait un travail intéressant sur le Balata.

Gomme copal

Cette gomme, dure, transparente, de couleur jaune ambrée, insoluble dans l'eau, est utilisée pour la confection des vernis. Elle est tirée du *Courbaril hymenœa*, exploité à Surinam. Les noirs la trouvent souvent en terre, au pied de l'arbre. Jusqu'à présent, on ne s'est guère donné la peine, à la Guyane, de la rechercher ou de l'exploiter. Cependant, j'en ai vu de beaux échantillons, trouvés dans les bois. Le prix en est peu élevé.

Baume de Copahu

Le *Copahifera guianensis* fournit un baume de copahu d'excellente qualité. L'arbre est assez commun sur les rives des petites rivières de l'intérieur, où on le reconnaît aisément à son fruit en forme de gousse courte, épaisse et légèrement aplatie, renfermant ce baume à l'odeur si caractéristique.

On incise l'arbre pour en récolter le baume et on peut estimer à 6 ou 7 kilogrammes, en moyenne, la quantité que peut fournir un seul pied.

La meilleure saison pour la récolte, comme pour la sève du Caoutchouc et de Balata, est la saison sèche : août et septembre, novembre et décembre, après les premiers grains. Pendant la saison des pluies, la sève est trop aqueuse, en pleine saison sèche, elle est trop peu abondante.

Résines

L'*Icica aracouchini* et quelques autres espèces analogues, laissent suinter de leur tronc une résine odorante d'un gris foncé dans son épaisseur et blanchâtre à la surface, qui répand une odeur vive et agréable. On l'emploie en médecine et comme encens dans les églises. Les Indiens et les nègres Boschs s'en servent dans leurs cases pour éloigner les moustiques.

Le Mani, *Moronôbea coccinea*, arbre très commun au bord des rivières de l'intérieur, très reconnaissable à ses petites baies rouges en grappes, fournit une résine noire, très collante, inodore, qui durcit en se séchant. Elle sert aux Indiens surtout et aux nègres, pour faire des torches, allumer leurs foyers et surtout pour fixer au moyen des fils de *pite*, enduits de cette résine, leurs pointes de lances ou de flèches, ou leurs divers engins de pêche. Cette résine mérite d'être plus connue et le commerce et l'industrie européens pourraient en tirer parti.

Tannin

Beaucoup de végétaux de la Guyane contiennent du tannin en plus grande abondance que le chêne de France, notamment l'écorce de Palétuvier rouge, *Rhizophora mangle*, pour ne citer que celui-là, qui pousse en famille et en abondance sur le littoral, surtout le long des fleuves et des rivières, où on l'exploite très facilement.

On pourrait préparer le tannin sur place et en extraire facilement un produit concentré qui pourrait être envoyé en Europe ou dans l'Amérique du Nord.

Essence de rose

On peut extraire de l'essence de rose par la distillation du Sassafras ou Bois de rose femelle de la Guyane (*Acrodiclidium chrysophyllum*). Des essais faits à Cayenne, par feu MM. Alexandre Volmar et Goudin, leur ont donné d'excellents résultats, et cette sorte d'industrie leur assurait de beaux bénéfices.

Tout le monde connaît le prix élevé de l'essence de rose en Europe. Au surplus, c'est un produit facile à exporter en flacons. La matière première, le Bois de rose, si facile à reconnaître par son odeur caractéristique, ne coûte pas grands efforts à se procurer avec les indigènes du Maroni ou des autres rivières de la Guyane, auxquels on n'a qu'à fixer un bon prix, pour qu'ils apportent, dans leurs canots, descendant presque toujours à vide des placers ou de leur village, des chargements de ce bois précieux.

Dans tous les cas, cette industrie peut et doit accompagner avantageusement toute grande exploitation des forêts.

Les Textiles

Parmi les plantes textiles de la Guyane, la Pite indienne mérite une mention spéciale. M. le docteur Weber, ancien directeur de l'Ecole de médecine du Val-de-Grâce, qui s'occupe des Agaves, en fait, d'après notre description, un *Fourcroya gigantea*, avec doute. Cette plante, qui donne le meilleur textile connu, est cultivée à Maurice et à l'Ile Bourbon. Une autre espèce, *Agave rigida* ou *Cisalana*, fait la richesse du Yucatan mexicain ; sa production annuelle s'élève à plus de 50 millions de francs. A la Guyane, où elle pousse à l'état sauvage un peu partout, sa culture serait des plus faciles.

Les Indiens se servent de la Pite pour confectionner des cordes d'arc, des lignes de pêche et autres objets de leur industrie, qui demandent une grande solidité. Ils se servent aussi de l'écorce de Maho (voir *ante*), pour faire des hamacs et des cordages.

Le Moucou-Moucou, arbuste ligneux herbacé (famille des Aruns), qui croît en abondance sur les bords vaseux des rivières, est exploité à Démérari, pour la fabrication du papier de luxe. Il pourrait l'être en Guyane, dans les mêmes conditions.

CHASSES

Dans les forêts vierges de la Guyane, où l'homme ne fait que de rares et courtes apparitions, la chasse et la pêche peuvent fournir au voyageur, au coureur des bois, au mineur et à l'indigène noir ou indien, les principales ressources de leur subsistance. Sur quelques points du littoral surtout, les pêches faites à la mer sont des plus abondantes et des plus intéressantes ; aussi, le poisson frais entre pour une part importante dans l'alimentation des habitants. Pourtant aucune grande pêcherie industrielle et régulière n'y a, jusqu'à présent été organisée d'une façon suivie comme sur les côtes de la Guyane brésilienne, de Maraca au Cap d'Orange, où l'absence de *prororoca*, et les eaux troubles des courants venant

UN PONT DANS LA FORÊT VIERGE

de l'Amazone favorisent exceptionnellement les pêcheurs venus du Para et des îles du Grand Fleuve.

Les principaux mammifères qui forment le gibier du pays sont : le Tapir ou Maïpouri, gros comme un bœuf, plusieurs espèces de daims qu'on appelle biches, une petite espèce très gracieuse de chevreuil qu'on nomme *Cariacou*, deux espèces de sangliers de petite taille (Pécaris), dont le nom indigène est *Patira* et les Cochons marrons qui vivent en troupes dans les forêts, le Capiaï (Capibarra) le plus grand des rongeurs qui atteint la taille d'un cochon ordinaire ; l'Agouti (*Dasyprocta L.*) rongeur de la grosseur du Lièvre qui se terre dans les trous de Tatou et dans les arbres creux ; l'Agouchi, espèce voisine, mais beaucoup plus petite ; le Pac *(Paca Cuvieri)*, autre rongeur quasi amphibie se terrant aussi dans les trous de Tatou, généralement sur les rives des ruisseaux ou des rivières dans les eaux desquelles il ne manque pas de se sauver en plongeant aussitôt qu'il est poursuivi ; le Coati ou Couachi (*Nasuarufa*), museau très allongé, corps long, queue empanachée de longs poils, pattes courtes mais armées de cinq doigts courts terminés par des ongles acérés qui l'aident à grimper sur les arbres avec l'agilité des Singes ; les Tatous qui, sous leur carapace osseuse ont une chair délicate et blanche, légèrement musquée ; les Fourmiliers (trois ou quatre espèces) ; les Paresseux (cinq ou six espèces) ; les Singes de jour (une douzaine d'espèces) ; les Singes de nuit, dont la plupart sont encore inconnus des naturalistes, notamment une petite espèce noire absolument frugivore, à queue non prenante, et une grande espèce presque aussi forte que le Coata à poil laineux très serré, sans queue.

Parmi les oiseaux : le Hocco (*Crax*), de la grosseur d'un dindon, chair délicieuse ; l'Agami (*Psophia*), famille des Alectorides ; deux espèces de Perdrix (Colins) : la grande, grosse comme une Poule, et la petite de la grosseur d'un Pigeon ; le Tocro, espèce de grosse Caille des bois à la chair succulente ; la Maraïe (*Penelope marail*), de la grosseur d'une Poule, deux espèces, l'une à tête rouge, habitant le littoral et l'intérieur jusqu'à l'Inini sur le Maroni et le Camopi sur l'Oyapock ; l'autre, à tête blanche (*Coujoubi*), habitant la haute Guyane, rive droite du Maroni et la Guyane brésilienne (particularité remarquable : là où habite la variété à tête blanche, ne paraît jamais la variété à tête rouge. Il en est de même des trois espèces d'Urubus : tête noire habitant Cayenne et ses environs et Saint-Laurent ; tête blanche, habitant le littoral de Makouria au Maroni, et tête jaune d'or habitant les forêts) ; le Paraqua ou Paracoua, espèce de Faisan ; des Ramiers, des Tourterelles, des Ortolans qui pullulent sur le littoral de Kourou au Maroni.

Parmi les Grimpeurs : les Toucans (*Ramphastes*), les Aras rouges, (Guyane) et bleus (Guyane brésilienne), les Perroquets verts et bleus, les Perruches. Parmi les Palmipèdes : de gros Canards sauvages plumage noir ; des Sarcelles en grand nombre dans les savanes du littoral, notamment une très petite espèce ; une grosse espèce de Plongeon. Parmi les Échassiers : une grosse espèce de Flamant nommé Tococro ; le grand Jabiru, au bec énorme, habitant l'Oyapock et l'ancien Contesté ; l'Ibis rouge improprement appelé Flamant ; l'Ibis noir, fréquentant les rivières de l'intérieur, improprement appelé Flamant-bois ; plusieurs espèces de Hérons qu'on nomme en créole : *Onouré* ou *Onoré* ; l'Aigrette, habitant les bords de la mer et aussi les rives des cours d'eau de l'intérieur jusqu'au Tumuc-Humac ; le Touyouyou *(Mycteria americana)*, plusieurs espèces de Poules d'eau au plumage éclatant et varié ; des Courlis, des Bécassines, des Chevaliers, des Râles, des Alouettes d'eau, etc.

Sont encore compris comme gibier, plusieurs reptiles des ordres des sauriens et des chéloniens; les Tortues des bois et les grosses Tortues de mer, deux espèces de gros Lézards terrestres et d'Iguanes amphibies qui vivent au bord des rivières, grimpent sur les arbres et se laissent tomber dans l'eau au moindre bruit qui leur signale un danger. Enfin, le Caïman, deux espèces très recherchées par les indigènes, malgré leur chair coriace et un peu musquée.

La poursuite du gibier est assez difficile en Guyane et l'Européen qui vient pour la première fois dans les forêts vierges ne sait guère surprendre et distinguer le gibier. Il faut avant tout en connaître les mœurs et les habitudes. Un volume entier ne suffirait pas pour traiter cette question si intéressante; je vais néanmoins décrire les principales chasses pratiquées dans la colonie.

La chasse au Chien d'arrêt se fait comme en Europe, dans les savanes et les marécages du littoral et dans les terrains boisés permettant au chasseur le tiré au vol et à la course. On peut chasser ainsi les Sarcelles, les Bécassines, les Râles, les Perdrix, quelquefois l'Agouti et l'Agouchi qui viennent rôder autour des plantations. Mais cette chasse est peu pratique et il faut des chiens bien habitués et bien dressés.

La chasse la plus habituellement suivie est celle où le chasseur part seul dans la forêt, marchant de préférence contre le vent, lentement et sans bruit, l'oreille attentive, le fusil prêt, de façon à surprendre les animaux et à les tirer à l'improviste. Quand on connaît le pays et les habitudes du gibier, cette chasse est très émouvante parce qu'elle présente beaucoup d'imprévu.

On visite de préférence les arbres à fruits dont les animaux sont friands, tels que les palmiers Comou, Pataoua et Maripa. Au moindre bruit, le chasseur s'arrête, se dissimule et le cœur battant, il écoute et attend anxieux. Est-ce un Jaguar, une Biche, ou simplement un agouti ? — Il aperçoit soudain entre les feuilles des arbustes et des palmiers nains une tête de daim, broutant les jeunes pousses. Il ne s'agit pas de se presser. Encore faut-il voir les points vulnérables : le poitrail et l'épaule de l'animal, où la balle le foudroie sur place. Un daim ou un sanglier simplement blessés, sont presque toujours perdus pour le chasseur, à moins que celui-ci ne revienne ensuite sur les lieux avec une meute de chiens qu'il n'a pas toujours à sa disposition. Le chasseur ajuste lentement et sans bruit, visant un des points vulnérables, qui apparaît enfin. Le coup part, et l'animal l'épaule brisée, les poumons ou le cœur perforés, tombe pour ne plus se relever.

Pour l'Agouchi et l'Agouti, le plomb n° 4 est suffisant, le plomb 00 est bon pour les Singes de grande taille, Coata et Macaques, et pour les gros oiseaux comme le Hocco, la Maraïe et le Canard sauvage, et très suffisant pour les Pécaris et les autres gibiers à poils, c'est même le plus généralement employé avec le n° 4.

Suivant la nature des graines tombant régulièrement du haut d'un gros arbre et la façon dont elles sont rongées ou coupées, elles indiquent au chasseur la présence, dans les hautes branches, des Singes, des Hoccos, des Maraïes ou des Aras, quand ces animaux ne signalent point leur présence par les cris qui leur sont particuliers.

Souvent, le chasseur isolé va simplement se poster à l'affût, non loin de ces arbres à graines. Assis sur un tronc d'arbre, dissimulé sous les branches des jeunes palmiers pendant plusieurs heures, il attend patiemment la venue des oiseaux ou des singes qui manquent rarement de venir, surtout quand les fruits sont à point.

Quelquefois, le gibier ne vient pas vite, alors, le chasseur l'appelle en imitant son cri particulier, soit au moyen d'uu sifflet spécial pour l'Agouti et l'Agouchi, soit avec une large feuille tendre pliée d'une certaine façon, ou simplement avec sa bouche. Les Agoutis, les Perdrix, les Agamis, les Hoccos, les Singes, se laissent prendre à ce subterfuge. Les Jaguars, les Pumas et les Aigles même accourent à ces appels, croyant avoir affaire à une proie. Les Indiens sont passés maîtres en ce genre de chasse. J'en avais un avec moi, engagé comme chasseur, qui me demandait le matin, en créole, avant de partir pour la chasse :

« Qui ça, Mouché, oulé mangé joud'hui là ?

— Qu'est-ce que Monsieur veut manger aujourd'hui ?

Et si je lui répondais : un Cochon, ou un Hocco, ou une Perdrix, il m'apportait vers midi ou un peu plus tard, la pièce demandée.

Souvent on suit en canot une rivière ou une crique navigable et l'on a l'occasion de tirer du canot même et au vol, les oiseaux qui traversent la rivière ; ou bien, avertis par des cris ou des bruits particuliers du voisinage du gibier, on met douçement pied à terre et on le surprend comme dans la chasse à pied.

Il arrive quelquefois que le ou les chasseurs tombent à l'improviste au milieu d'une bande de Patiras ou de Cochons marrons. Si le troupeau est en plaine, il faut vite faire son choix et tirer avant qu'il soit décampé. Si le troupeau suit un petit vallon entre deux montagnes, il vaut mieux se dissimuler, le dépasser en longeant les montagnes à droite et à gauche, et aller l'attendre au passage, embusqué au-dessus du ravin qui va se rétrécissant. Alors, c'est un véritable massacre ; on tire à volonté, les animaux affolés ne sachant trop de quel côté fuir. Après une chasse ainsi faite, mes compagnons et moi avons fait saler et boucaner une telle provision de viande que nous en mangions encore deux mois après, parfaitement saine et bien conservée sous la croûte noire et enfumée qui l'enveloppait.

Les plus belles chasses en canot ou en pirogue sont celles que font les nègres Boschs et Bonis et les Indiens avec des chiens dressés à cet effet sur le Maroni et ses grands affluents.

Deux hommes sont dans une pirogue descendant lentement et sans bruit le courant d'une rivière, en longeant l'une des rives. Deux ou trois chiens se tiennent à l'avant de l'embarcation, debout, le nez en l'air, humant les odeurs ou écoutant les bruits qui leur arrivent de la forêt. Soudain, ils aspirent l'air fortement, comme pour avertir les chasseurs, s'élancent à l'eau, nagent vers la rive et disparaissent dans les fourrés. Un des deux hommes saisit doucement une branche qui pend vers l'eau ; la pirogue s'arrête, et tous les deux attendent et écoutent. Ils n'attendent pas longtemps. Les chiens donnent de la voix en aval ou en amont ; vite, les pagaïes ploient en s'enfonçant dans le courant et la pirogue s'élance et s'écarte de la rive, suivant autant que possible sur la rivière, une direction parallèle à celle suivie par la chasse dans le bois. A ce moment, les chasseurs savent, d'après l'allure et l'aboiement de leurs chiens, à quelle espèce de gibier ils ont affaire. Les chiens se rapprochent. Attention ! Comme une flèche, un Daim s'élance de la rive, et plonge dans les eaux du fleuve où il disparaît un moment, nageant sous l'eau, pour dépister les chiens qui arrivent un à un et sautent à l'eau derrière lui. Les hommes de la pirogue debout, la pagaïe à la main, attendent l'apparition sur l'eau du fugitif, qui ne tarde pas à venir respirer. Sa tête apparaît, là-bas, à trente ou quarante mètres environ de la rive. Les chiens sont distancés, déroutés le plus souvent ; mais alors, entrent en scène les chasseurs. La pirogue s'élance de nouveau, sous l'effort des pagaïes, savamment dirigée, de façon à couper la route au daim, surtout à l'empêcher de gagner la rive opposée ou un bas-fond où il pourrait les distancer par des bonds prodigieux. Sur le point d'être atteint, l'animal replonge ; mais il se fatigue vite et pris entre les chiens et le canot, il est bientôt à bout de force. Il se laisse prendre par un nœud coulant de liane qu'un des canotiers lui passe habilement autour du cou. Maintenu contre le bord du canot, il ne reste plus qu'à l'égorger ou lui envoyer une balle.

Quand les chasseurs ont affaire à un Tapir, à un Agouti ou à un Pac, animaux qui nagent et plongent comme des Loutres, le canot se tient à peu de distance de la rive en suivant la chasse et l'un des

IL NE RESTE PLUS QU'A L'ÉGORGER OU LUI ENVOYER UNE BALLE (p. 158).

deux hommes se tient prêt avec son fusil armé, à tuer le gibier au moment où il sort de la forêt pour gagner la rivière.

Quand les chiens dépistent des Sangliers ou des Cochons marrons les chasseurs attachent leur pirogue à la rive, suivent la chasse dans la forêt et se postent le mieux possible, suivant les circonstances.

Par les temps orageux de la fin de l'été, en novembre et décembre, quand l'ouragan furieux se déchaîne, hurlant sur la forêt, accompagné de tonnerre et d'éclairs, cassant et brisant les arbres et les grosses branches avec des bruits formidables, les bandes de Pécaris et de Cochons marrons s'enfuient affolées vers les rivières, où elles se jettent en désordre. Alors, c'est grande fête et réjouissance pour les villages riverains qui, sous la pluie battante, arment toutes leurs pirogues et s'en vont à la curée. Point n'est besoin de fusils, les sabres ou machettes ou de petites haches font toute la besogne. Les Cochons, sanglants, le crâne ouvert, emplissent les pirogues jusqu'à les faire couler.

Le soir, au village, après le partage du produit de la chasse, pendant que les quartiers de viande grillent et boucanent sur des grils de bois dur improvisés, au-dessus de grands brasiers, ce ne sont que cris de joie, chansons, danses et festins qui dégénèrent souvent en orgies, toute la nuit durant.

Sur le littoral, où le gibier est plus rare, dans les environs des habitations, les Noirs créoles tuent souvent les bêtes à l'affût. Les champs de manioc ou de patates enclavés ou voisins de grands bois, où le chasseur a observé des traces de passage d'animaux, sont très propres à fournir un poste d'affût, soit à la chute du jour, ou pendant la nuit. Les Noirs dressent souvent, à cet effet, un petit échafaudage élevé contre un tronc d'arbre resté debout, dissimulé avec des branches vertes ; montés dessus, ils dominent le champ et sont mieux à même de voir les animaux entre les branches de manioc.

La chasse à l'affût se pratique encore avec succès dans l'intérieur, pendant la saison sèche, en plein jour, auprès des bassins d'eau et des petites criques, où le gibier vient se désaltérer. C'est ainsi que chassent le Puma et le Jaguar, dissimulés derrière un fourré ou accroupis sur un arbre mort, tombé en travers d'un ravin, au-dessus d'un bassin d'eau ; ils attendent patiemment le moment favorable pour se jeter d'un bond, sur une proie. Quelquefois, le chasseur à l'affût voit avec stupéfaction son gibier tué, enlevé lestement par un de ces fauves, qui tranquillement l'emporte au fond des bois. Mais il arrive aussi que le chasseur revenant bredouille, profite à son tour de la chasse du Jaguar. Chassant un jour sur les rives de l'Inini, avec un de mes compagnons de voyage, M. Pierre Luce, de Cayenne, nous entendîmes dans un fourré voisin le bruit d'une lutte ; nous avançâmes avec précaution, le fusil armé, en avant, quand nous vîmes un superbe Jaguar qui venait de capturer un énorme Pac. Le fauve lui avait déjà ouvert la gorge et le malheureux rongeur se débattait, le corps labouré par les griffes puissantes qui l'étreignaient. Le Jaguar nous apercevant, lâcha sa proie, se recula lentement, la gueule sanglante, en grondant et montrant les dents, puis, s'enfuit, sans que j'aie pu le tirer à l'épaule, empêché que j'étais par un tronc d'arbre qui me cachait le point vulnérable. Le Pac blessé, essaya de se jeter sur nous quand nous approchâmes ; mais un vigoureux coup de sabre de mon compagnon l'étendit à terre, le crâne ouvert. Ce Pac, un des plus gros que j'ai vus, pesait 18 kilos 500.

La chasse au Chien courant est assez pratiquée par les Cayennais qui y consacrent d'habitude la journée du dimanche et les autres jours de fête. Dans cette chasse, les chiens suivent la piste du gibier, indiquant sa marche par les aboiements, et le rabattent sur le chasseur, qui suit la chasse autant qu'il peut, et se porte là où il pense que la bête pourra passer.

Les Agoutis et les Agouchis sont les gibiers les plus communs partout. Avec des chiens bien dressés et habitués au bois comme ceux qui sont nés dans les villages d'Indiens, de Bonis et de Boschs ou dans les placers, la chasse à ces animaux est facile et peut se faire sans fusil, avec seulement une bonne hache et un sabre. Les chiens forcent un Agouti à rentrer dans un arbre creux ou dans un trou de Tatou. Dans l'un et l'autre cas, avec un peu de patience, il est facile de le capturer. Si l'animal est terré dans un trou de Tatou, on bouche tous les trous environnants, et on allume du feu à l'entrée principale ; il ne tarde pas à grogner et à sortir. Au moment où il paraît, à demi-asphyxié, on le tue d'un coup de sabre. Dans les bois secs et creux, c'est encore plus facile ; on bouche l'entrée avec un sac maintenu par un homme et on ouvre à la hache, sur le tronc, le plus souvent vermoulu, un trou suffisant pour tuer l'Agouti, qui ne peut plus se retourner, ou avec une longue gaule, on l'oblige à reculer ou à sortir jusque dans le sac où il se trouve pris vivant.

La chasse aux Singes est une des plus faciles. Ces animaux vont toujours par bandes nombreuses. Ils sautent et cabriolent de branche en branche, d'un arbre à l'autre, et signalent toujours leur présence aux chasseurs par leurs cris particuliers, ou le bruit qu'ils font en cueillant et mangeant les fruits dont ils sont friands, et qu'ils laissent tomber en grand nombre du haut des arbres pour le plus grand profit des rongeurs, Agoutis et autres, qui les suivent à terre. Les Coatas et les Macaques sont les plus estimés. Aussitôt que le chasseur est éventé par eux, ou bien à son premier coup de fusil, on les voit courir sur les grosses branches, et, arrivés à leur extrémité flexible, s'élancer d'un seul bond en s'aidant de leur balancement, à huit et dix mètres de distance, sur un grand arbre voisin.

Rien n'est plus curieux que cette gymnastique désordonnée, dans l'enchevêtrement et les arabesques des branches, des lianes et des palmes.

Dans leur précipitation, quelques-uns manquent le but visé et dégringolent assez bas dans les feuillages inférieurs ; c'est le moment de les tirer en les poursuivant. Les femelles qui portent un petit déjà gros sur le dos, se laissent ainsi surprendre quelquefois. La mère, blessée à mort, tombe, entraînant à terre son petit, qui pousse des cris aigus, cramponné après elle. L'agonie quasi-humaine de ces pauvres êtres n'a pas été sans me toucher bien des fois.

On ne chasse le Singe rouge ou Singe hurleur, que pour se procurer les magnifiques fourrures d'un rouge ardent doré des femelles, qui feraient de si belles capes pour nos belles blanches d'Europe.

La chasse au Caïman ne se fait qu'accidentellement, quand, à défaut de tout autre gibier, les habitants suivent en pirogue les rives d'une rivière. On surprend facilement ces animaux quand ils dorment sur le rivage ou la tête à fleur d'eau sur les bas-fonds vaseux.

Pendant l'été, la femelle pond ses œufs dans un nid fait de branches et de feuilles sèches, dans les brousailles de la berge. Elle veille, non loin de là, sur sa chère couvée. Il est dangereux alors de toucher au nid et aux œufs qu'elle défend avec un grand courage.

C'est aussi pendant la saison sèche que les habitants du pays visitent avec soin les bancs de sable des rivières pour s'emparer des œufs que les Iguanes et les Tortues y enfouissent. Souvent l'Iguane lui-même est surpris fouillant son trou. Il est facile alors de le capturer, soit en bouchant le trou que l'on fouille ensuite, soit en le saisissant avec la main par sa longue queue. Les indigènes sont très friands des œufs et de la chair de ce saurien et les tribus de Nègres et d'Indiens de l'intérieur organisent de véritables expéditions pour aller lui faire la chasse pendant les mois d'août et de novembre.

Les Tortues de mer sont une grande ressource pour les populations du littoral, notamment à Kourou, Sinnamary et Organabo. On les guette quand elles viennent à terre pour pondre leurs œufs dans le sable. On les met dans l'impossibilité de fuir en les tournant sur le dos. Quelques-unes pèsent plus de 100 kilos. On va aussi à la recherche de leurs œufs qu'elles pondent en grand nombre dans le sable de la plage.

Les Noirs pratiquent encore la chasse au moyen de pièges et de trappes. Le collet est rarement employé, quoique je l'ai vu réussir souvent pour la Perdrix, le Pac et même le Tatou. Les Noirs se servent plus volontiers de ce qu'ils appellent *la trappe-bille* et la trappe-fusil.

La trappe-bille est une grosse pièce de bois élevée et soutenue en équilibre instable ; l'animal qui passe dessous détruit cet équilibre, la fait tomber et est écrasé par sa chute. On aligne un certain nombre de trappes, réunies entre elles par des haies artificielles, en travers d'une petite plaine entre deux montagnes, et le gibier ne trouvant d'autre passage libre que sous le piège, s'y engage. On peut aussi l'attirer sous la pièce de bois par un appât.

La trappe-fusil est beaucoup plus simple et facile. On tend un fil ou une mince ficelle en travers d'une passée et on dispose un fusil armé, braqué solidement sur deux piquets dans la direction de ce fil qui communique par un retour avec la détente de l'arme. Le gibier suivant sa route habituelle, vient heurter le fil, le coup part et le tue.

Une chasse intéressante est encore la chasse aux Sarcelles, la nuit, avec un fanal à réflecteur et un filet. C'est une chasse pratiquée avec succès dans l'ancien Contesté, notamment à Carsevenne.

Vers la fin de l'été, les Sarcelles quittent les savanes marécageuses qui se dessèchent et émigrent par bandes innombrables sur le bord de la mer.

C'est le moment de les chasser. Une nuit sans lune, on parcourt la plage sans bruit, avec un fanal éclairant seulement d'un côté, en avant, et laissant les chasseurs invisibles dans l'ombre, en arrière. L'un d'eux porte avec lui un épervier prêt à être lancé. Les Sarcelles éblouies par la lumière, se groupent instinctivement les unes contre les autres et se laissent prendre à merci par le filet habilement déployé.

En résumé, pour toute autre classe de population que l'Indien, le coureur des bois et le nègre Boni ou Bosch, la chasse à la Guyane est plutôt une agréable distraction qu'une industrie utile, quoiqu'elle soit pour certains professionnels de Cayenne ou des bourgs du littoral, une ressource importante qui réussit à les faire vivre avec la pêche sur la côte et la chasse à l'Aigrette, cet oiseau si intéressant qui tend de plus en plus à disparaître et qui disparaîtra complètement de nos rivages Guyanais, si on n'en règlemente point la chasse et si l'on n'empêche point rigoureusement la destruction de ses œufs et de ses nids,

Ce serait quand même une grave erreur économique, pour le colon et l'Européen surtout qui arrive dans la colonie, que de compter sur elle comme moyen d'alimentation et de lui accorder plus d'importance qu'elle ne mérite. Tout compte fait, la viande des animaux domestiques que l'on peut élever avec intelligence, et la viande de boucherie (1 fr. 20 et 1 fr. 30 le kilo, à Cayenne) reviennent moins cher que le gibier qu'on va tuer dans les bois. Dans ces conditions, celui ou ceux qui persisteraient à vouloir faire de la chasse un des principaux moyens de leur subsistance, auraient fait un bien mauvais calcul. Elle n'est réellement utile qu'aux chercheurs d'or, aux voyageurs en exploration et aux indigènes habitant les forêts de l'intérieur.

LE FAUVE LUI AVAIT DÉJA OUVERT LA GORGE (p. 161).

CAYENNE. — VILLAGE DES PÊCHEURS ANNAMITES
(d'après une photographie de l'auteur).

PÊCHES

La pêche à la Guyane et dans l'ancien Contesté, la pêche mari-
time surtout, offre à l'alimentation des ressources bien plus considérables que la chasse. Le poisson entre au moins pour moitié
dans la nourriture habituelle des habitants pauvres et des indigènes. Jusqu'à présent, cette industrie ne s'y est guère developpée
à cause de la prompte détérioration du matériel, barques, lignes et
filets, conséquence naturelle de la chaleur et de l'humidité exces-
sives du pays ; la petite quantité de poisson frais que l'on pourrait
écouler étant donné le peu de population, et, aussi et surtout, la difficulté de former et de garder des aides pêcheurs expérimentés, ac-
tifs et soigneux. Malgré tout, la pêche y est faite à la mer et sur les
côtes par les Noirs créoles du pays, les Métis et par les Annamites et
les Chinois déportés, ces derniers, très habiles, et dans les fleuves,
les lacs et les rivières de l'intérieur par les Nègres, les mineurs et
les Indiens.

On divise, dans l'usage domestique, les poissons de mer en poissons
écaille et poissons limon. Les premiers, plus recherchés et plus
estimés, valent à Cayenne 0 fr. 60 le 1/2 kilo et les seconds plus
communs et moins délicats, valent de 0,25 à 0.30 centimes. Le Machoiran blanc (Silure), le Machoiran jaune (Silure) qui atteint

quelquefois le poids de 100 kilos, la Raie, le Requin, le Requin marteau, l'Espadon, la Torpille, etc., sont des poissons limon ; la Vieille, le Mulet, le Gros-Yeux, le Parassi sont des poissons écaille. En mer au large, on pêche la Bonite, la Dorade et le Poisson volant.

Dans les rivières et les lacs, on pêche le Machoiran blanc, parfaitement acclimaté dans l'eau douce et dont une variété se rencontre jusque dans les petites rivières du Tumuc-Humac, l'Aymara, analogue à notre brochet, mais bien plus gros, le Coumarou, le Moroco, l'Acoupa, le Pacou, la Piraïe (Caribe), le Patagaïe, le Palica, le Yaya, un peu plus gros que le Goujon, plus large et plus plat, l'Atipa *(Aspredo Hypostomus)* famille des Cuirassiers, l'Anguille tremblante, (gymnote électrique) la Carpe, les Raies d'eau douce (famille des Trygon), le Ouaoua, enfin, le Piraroucou ou Cury, énorme Morue acclimatée dans l'eau douce où elle s'est à la longue transformée passant peu à peu des eaux saumâtres aux eaux de plus en plus douces des estuaires fermés qui composent aujourd'hui la région des lacs de Mapa. Cette espèce semble habiter exclusivement cette région ?

Les plus belles pêches se font à l'époque de la saison sèche, quand les eaux salées s'approchent de la côte et remontent avec les marées assez avant dans les rivières. C'est aussi le moment le plus favorable pour la préparation du poisson séché.

Sur la côte du Cap d'Orange à l'île de Maraca, sur les fonds de vase molle où la mer est toujours calme, dès le commencement de la belle saison, apparaissent les tapouyes des îles de l'Amazone, de Vigie et du Para — petites goëlettes plates, non pontées, pouvant porter 5 à 6 tonnes, avec un *roufle* ou tillac assez grand où s'abritent les cinq ou six pêcheurs qui composent leur équipage, quelquefois avec leurs femmes et leurs enfants. Ce sont pour la plupart des blancs portugais, originaires de Madère, des Açores ou des îles du Cap Vert, des *Islanos*, comme on les appelle, des Indiens et des métis d'Indiens, et aussi quelques Noirs et Mulâtres. Plus de 250 bateaux tapouyes viennent ainsi, tous les ans, faire la pêche du Machoiran, recherché pour sa vessie natatoire, riche en colle de poisson, et le Parassi, gros mulet que l'on prépare salé et séché. La pêche se fait à la ligne de traîne à la main, avec, pour amorce ou *boëte*, des morceaux d'autres poissons plus petits. Après une campagne de trois ou quatre mois au plus, chaque bateau, chargé suffisamment, s'en retourne vers l'Amazone ou le Para où la cargaison est aussitôt vendue. Le Parassi, ainsi préparé, est de beaucoup supérieur à la Morue. Au surplus, son prix de revient est moins élevé. La vie nomade de ces pêcheurs est des plus attrayante pour eux. Ils vivent dans l'abondance et la bonne chère. Le soir, ils rentrent dans les fleuves, ou les rivières de la côte où ils ont des campements provisoires pour la préparation et le séchage du poisson. Ils font leur provision de bois et d'eau douce et repartent joyeux. Entre temps, ils font aussi la chasse aux Sarcelles dont nous avons déjà parlé et la chasse aux Aigrettes, pour leur viande et leurs plumes précieuses. La pêche étant abondante, quelques-uns ont le temps d'aller vendre une première cargaison à Counani, à Mapa, ou à Carsevenne, et alors on danse, on boit, on chante, on s'amuse au son de la mandoline, de l'accordéon, du violon, du rebec et de la clarinette. Nombreux sont les saints du calendrier qui sont ainsi fêtés, du coucher au lever du soleil. Vers l'embouchure des fleuves, du Maroni à l'Oyapock et à l'Araguary, la pêche du Machoiran est très abondante. On la fait à la ligne à main ou au moyen de flotteurs formés d'une grosse calebasse vide revêtue d'un filet sur lequel on attache une ou deux lignes de différentes longueurs portant à leur extrémité deux gros hameçons amorcés avec des poissons ou un morceau de viande saignante. Cette pêche est très divertissante. On abandonne au courant, de ci de là, cinq ou six de ces engins et les pêcheurs immobiles dans leur pirogue surveillent activement les flotteurs, comme une araignée surveille sa toile. Soudain, une des calebasses s'enfonce, reparaît, disparaît de nouveau et fuit éperdûment à la surface des eaux. Un poisson est pris. La pirogue s'élance sous l'effort des pagaïes et les pêcheurs suivent un moment sa course désordonnée. Le Machoiran se fatigue vite et finit par se laisser approcher. On le capture alors facilement, au moyen d'un harpon ou d'un crochet aigu qui le ramène auprès de l'embarcation où un vigoureux coup de machette (sabre) derrière la tête le réduit à l'impuissance.

Dans les lacs du Contesté, où les eaux sont claires, la pêche si intéressante des Curys se fait surtout au moyen d'un harpon à plusieurs branches, fixé à l'extrémité d'un long manche de 3 à 4 mètres. Sur l'armature du harpon est fixée une ligne de 2 à 300 brasses de long qui longe le manche en passant dans une filière. L'embarcation où sont les pêcheurs avance lentement comme une ombre glissant à la surface des eaux, un homme debout, à la proue, se tient immobile et muet, tenant son long harpon, le corps légèrement penché en avant, la main gauche, en bas, maintenant le harpon en direction et la main droite en haut, le bras allongé, prêt à frapper. Voici un Piraroucou qui dort au fond des eaux. Un petit sifflement avertit l'équipage anxieux. Le bras du pêcheur se détend comme un ressort. Rapide comme une flèche, le harpon pénètre au fond des eaux avec un bruit flou, la ligne file en sifflant sur le plat-bord de l'embarcation; le poisson est pris et fuit à toute vitesse emportant, cloué à son flanc, le terrible engin. L'embarcation suit de toutes ses pagaïes, et plus le fugitif lutte de vitesse, plus la longue corde se déroule en sifflant sur la filière du long manche qui s'est déboëté et flotte à la surface des eaux. Soudain, la ligne mollit, le poisson a fait un crochet ou revient. Vite, on hâle la corde en la lovant avec soin sur un banc et le harponneur prépare un nouveau harpon, dont il fait rarement usage, car le malheureux Piraroucou ne peut lutter longtemps; amené à la surface des eaux, le crâne défoncé par un vigoureux coup de hache ou de fusil, il est bientôt élingué, enlevé dans l'embarcation, ou échoué sur une plage voisine.

La chair du Piraroucou est blanche et bonne comme celle de la Morue. On la prépare en lanière minces ou en plaques minces que l'on sale et que l'on sèche ensuite. C'est une grande ressource pour les habitants du pays de Counani à l'Araguary, car la capture d'un seul de ces poissons leur donne de 100 à 150 kilos de provision.

La pêche sur la côte et dans les fleuves, notamment aux environs de Cayenne, se fait au moyen du palan : longue ligne de fond garnie de plombs et d'hameçons, que l'on mouille en travers des fleuves, ou auprès des bancs de vase de la côte où se plaisent de préférence toutes sortes de poissons.

La pêche au tramail est aussi pratiquée avec succès dans les eaux troubles de l'hivernage.

Les Chinois et les Annamites de Cayenne disposent des barrages sur ces bancs et y établissent des filets d'où le poisson ne peut plus sortir, une fois entré.

En deux ou trois coups de seine, la provision est plus que suffisante (p. 171).
(Paru au *Journal des Voyages*, d'après un croquis de l'auteur.)

A la saison du frai, qui a lieu pendant la saison sèche, sur les plages sablonneuses de Kourou, de Sinnamary, d'Organabo et d'Iracoubo principalement, les habitants font, avec la seine, des pêches miraculeuses. C'est aussi la saison de ponte des Lézards et des Tortues. De véritables expéditions de plaisance s'organisent alors. On campe sur la plage, et ces installations provisoires ont un aspect des plus pittoresques, des plus bizarres et des plus fantasques. — Dans le milieu de la journée, l'alisé de N.-E. souffle du large apportant une délicieuse fraîcheur. Les hommes dorment dans le sable fin à l'ombre d'une tente, ou dans des hamacs appendus à des piquets solidement fichés en terre, à l'ombre d'un arbre. Les femmes préparent la vaisselle sur des nattes, ou font cuire la pimentade, la sauce de Tortue ou l'omelette ; les enfants courent sur la plage à la poursuite des Crabes et autres animaux marins.

Les filets sèchent au vent sur des piquets. Dans la fraîcheur du soir ou du matin, à l'heure de la marée, toute la *smala* est dans l'eau, à tendre les filets. En deux ou trois coups de seine, la provision est plus que suffisante et encore choisit-on les meilleurs poissons, les autres servent de pâture aux chiens, ou sont rejetés à la mer. La nuit, on sale et on boucane, et l'abondance, les joyeux devis, les contes merveilleux, la gaîté la plus franche, rendent tout le monde heureux, auprès de grands feux allumés.

Comme la vie est douce parfois pour l'habitant du littoral de la Guyane, et quand je compare cette vie facile avec celle du pauvre mercenaire de nos usines de France et même celle du paysan pauvre dont le travail de tous les instants lui assure mal son pain noir de tous les jours, je ne puis m'empêcher de songer combien ce paysan et cet ouvrier seraient plus heureux comme colons en Guyane.

Généralement, la pêche dans les rivières de l'intérieur, pas plus que la chasse dans les forêts, n'offre pas de telles ressources, qu'on puisse attendre d'elle d'importants résultats, et lui accorder utilement plus de temps que quelques moments de loisir.

Les Indiens et aussi quelques nègres Boschs et Bonis qui sont plus chasseurs et pêcheurs qu'agriculteurs, la pratiquent avec **une** perfection qui leur est particulière ; mais il n'est pas donné à tout le monde de faire comme eux.

Cependant, dans la région des lacs de Mapa à l'Araguary, la faune d'eau douce est d'une telle richesse, et les poissons de toute espèce y pullulent en quantité si énorme, que le pêcheur peut y trouver en toute saison, tous les éléments de sa subsistance. Nous ne risquons pas de nous tromper en affirmant que quelques espèces n'ont pas encore de nom latin dans les Muséum. Les savanes et les forêts en contiennent et le plus petit cours d'eau comme la moindre flaque d'eau en sont amplement pourvus.

Tous les ans, à l'époque des crues, les poissons émigrent dans les savanes herbeuses, et dans les forêts riveraines inondées, où ils se gorgent de nourriture, surtout de fruits sauvages dont quelques espèces sont très friandes. Les poissons de mer, au contraire, quittent les estuaires et s'en vont au large, vers la pleine mer.

Comme c'est la saison où les arbres abondent en fruits mûrs, tombant sans interruption dans les eaux, les poissons viennent en masse se grouper au pied de ces arbres. C'est le moment de pêcher les délicieux Coumarous, au moyen de la ligne volante. Cet engin se compose d'une longue gaule de 3 à 4 mètres, avec une extrémité longue et flexible au bout de laquelle est fixée une ligne de Pite de même longueur, portant un hameçon moyen de 3 ou 4 centimètres de largeur, sur lequel on amorce un fruit de sapotacée à peine mûr. La pêche se fait en pirogue montée par deux hommes, l'un qui gouverne et conduit doucement l'embarcation à l'orée de la forêt, et l'autre tranquillement assis sur un banc, à l'avant, tient sa ligne de la main droite comme un fouet. Arrive-t-on auprès d'un arbre à fruits, d'un mouvement de moulinet, l'amorce décrit une parabole dans l'air et vient tomber, *plouc !* dans l'eau. Les Coumarous voraces, se précipitent sur l'appât. Le pêcheur n'a qu'à tenir coup sans tirer trop fort pour ne pas rompre sa ligne, et le poisson pesant quelquefois 4 et 5 kilos est amené à la surface des eaux, le long de l'embarcation et facilement capturé.

La saison des crues est aussi le moment de la pêche aux trappes et aux *caminas* pour prendre les Aymaras. Ces deux pêches se font la nuit.

La trappe est disposée au bord de l'eau, comme l'indique la

figure, et se compose de deux piquets. Le plus long, en bois vert, légèrement flexible de 1^m,50 environ, aminci par le bout, porte à

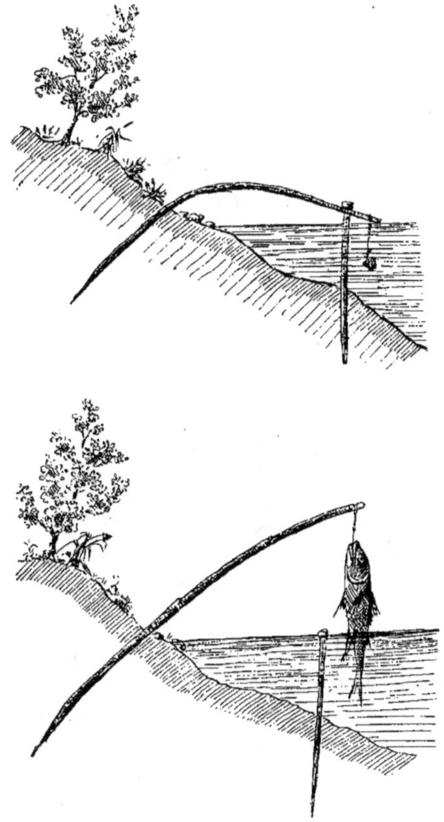

UNE TRAPPE (dessin de l'auteur).

l'autre bout 0^m40 de ligne avec un gros hameçon armé de fil de laiton. Le plus court, de 0,60 à 0,75 centimètres de longueur environ est aminci également par un bout et vers l'autre bout, porte une encoche faite à côté d'un nœud ou dans l'épaisseur dù bois, perpendiculairement à l'axe. On enfonce le premier piquet obliquement dans la vase dure du bord de l'eau, et le second perpendiculairement, à un mètre de distance environ en face de lui, vers la rivière, l'encoche sortant un peu au-dessus du niveau des eaux.

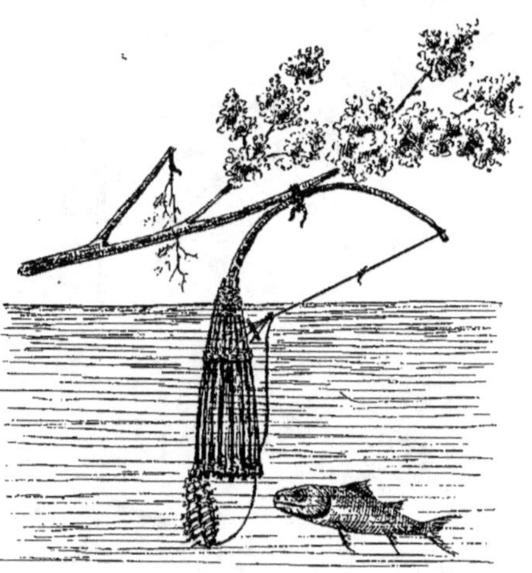

Un camina (dessin de l'auteur).

On met un appât de viande saignante ou de poisson sur l'hameçon; on incline le premier bâton flexible vers le second rigide, de façon à ce qu'il soit retenu dans cette position par l'encoche renversée. Dans ces conditions, on comprend que le poisson qui vient mordre à l'appât se prend immanquablement, et il ne peut plus que battre l'eau de sa queue, bruit qui avertit les pêcheurs qui campent dans le voisinage et se lèvent pour renouveler l'appât et tendre à nouveau la trappe.

Les *caminas* sont des pièges en forme de panier cônique de 0,80 c. à 1 mètre de hauteur, portant à leur sommet un arc de bois vert dont l'extrémité tendue, maintient fermée par un amarrage de corde ou de liane franche, le couvercle adapté à la base.

LA PÊCHE AU COUMAROU DANS LES RAPIDES DU HAUT-MARONI (d'après un croquis de l'auteur).
(Paru au *Journal des Voyages*).

On attache cet engin à une branche ou à un piquet en disposant l'appât et le piège au moyen de deux chevilles. On bande l'arc en assujettissant une petite cheville disposée sur la ficelle dans un petit triangle formé par une cordelette fixée de chaque côté du sommet du cône, et, en travers de la première cheville, pour la maintenir en équilibre, on dispose une deuxième cheville à l'extrémité de la première, tout juste ce qu'il faut pour maintenir le piège bandé. Le poisson vorace se prend là-dedans comme dans une souricière, il tire sur l'appât, la 2ᵉ cheville glisse ne maintenant plus la première ; l'arc se détend violemment, la porte se ferme et le poisson est pris. Les Aymaras se prennent ainsi et les rivières et les étangs voisins des villages indigènes contiennent un grand nombre de ces sortes d'engins. L'Aymara est un des plus délicieux poissons que je connaisse avec le Parassi, le Coumarou et la Carpe. On fait avec l'Aymara de la pimentade délicieuse, la tête surtout est un mets recherché des gourmands et des gourmets.

A la fin des crues et des pluies, quand les eaux plus claires rentrent dans leur lit, quand les chutes et les cascades roulent et déroulent leurs volutes limpides autour des roches frangées d'écume, quand leurs flots tumultueux s'élancent, bondissent, se heurtent, se brisent, éclatant en gerbe étincelante sous le clair soleil, comme des perles et des fleurs qui retombent sur le courant qui les emporte au loin ; c'est le moment des belles pêches du Coumarou, avec la flèche. Ce poisson ne trouvant presque plus de fruits, fréquente les bancs de roches avoisinant les rapides et se nourrit d'une espèce d'algue d'eau douce qui fleurit alors et jette au-dessus des eaux qui ruissellent, une tige creuse cylindrique de 0,40 à 0,50 cent. de hauteur, surmontée de magnifiques fleurs bleues qui s'épanouissent à la hâte pour mourir presque aussitôt sous les caresses brûlantes d'un soleil dévorant. On en rencontre sur le Maroni de véritables champs : des Coumarou-gnagna sur les champs de roches, comme disent en leur langue imagée les nègres Boschs — Coumarou gnagna, *mangé* des Coumarous, ou nourriture des Coumarous.

Les eaux baissent fin juillet et pendant le mois d'août et, au fur et à mesure, de nouvelles fleurs surgissent, suivant les niveaux, sur d'autres roches qui vont se découvrir. Il faut se hâter pour la pêche, car les algues desséchées ne seront bientôt plus sur les roches brû-

lantes qu'une mince couche de drap marin de couleur fauve foncé.
Aussi les indigènes accourent-ils avec leurs pirogues légères dans les
rapides. Debout, immobiles, comme la roche qui les porte, isolés
dans le bruit des eaux, l'arc dans la main gauche, la flèche dans la
main droite, leurs regards aigus, épient dans la profondeur de l'eau
verte fleurie d'écume, les Coumarous qui passent, comme des ombres
à peine distinctes entre les rochers. L'arc se tend, la flèche part en
sifflant et se débat frémissante dans le courant avec le poisson percé
d'outre en outre. Le pêcheur bondit sur une roche voisine en aval,
se penche, saisit sa flèche, ou descend au besoin dans l'eau pour la
rattraper avec sa capture. Quand son bras ne peut l'atteindre, il la
saisit très habilement avec son arc, au moyen d'un tour de main spécial.

Deux grands sauts du moyen Maroni, le Grand Coumarou-gnagna
et le Petit Coumarou-gnagna, comme leur nom l'indique, sont la
grande patrie, la grande cité des Coumarous.

Les journées passent vite à cette pêche pratiquée surtout par les
Indiens, qui sont certainement les maîtres en ce genre.

J'ai souvent vu, en cours de route, en remontant l'Itani, l'Indien de l'avant de la pirogue poser sa pagaie sans bruit, lever sa main
en l'air pour prévenir le patron et ses compagnons et prendre silencieusement son arc, et ses flèches. La pirogue ralentit sa marche.
L'Indien tend son arc, fixe sa flèche entre son pouce et ses autres
doigts, la pointe suivant vers le fond des eaux claires, dans la direction de son regard, quelque poisson que mes yeux d'Européen
ne distinguent pas. Soudain, l'arc se détend, la flèche disparaît en sifflant au fond des eaux. Le poisson est très gros et insuffisamment
atteint, s'enfuit avec la flèche qui, de temps à autre, reparaît sur
l'eau, frémissante, éperdue. La pirogue la poursuit en sa course
désordonnée et l'Indien ne peut pas toujours l'atteindre. Il dépose
son arc au fond de sa piroque, prend son machette et, d'un bond
pique une tête dans le fleuve. Quelques secondes, une demi-mi-
nute s'écoulent et on le voit apparaître à quelques brasses, son machette dans les dents et sa proie sanglante dans la main gauche.
J'ai vu des Indiens aller chercher ainsi au fond des eaux des Caïmans percés d'une ou deux flèches et revenir triomphants avec leur

capture harponnée, ou la tête à moitié tranchée par un coup de sabre, auprès de leurs camarades de leur embarcation, des femmes et des jeunes filles souvent qui assistent impassibles à cette lutte inconnue de nos cirques et des habitués de nos sports.

La grande saison sèche, d'août à fin novembre, est une époque de disette pour les poissons, qui se retirent alors dans les petits cours d'eaux sous le couvert de la forêt vierge ou dans les bassins profonds des rivières, ne communiquant entre eux, le plus souvent, que par un mince filet d'eau ruisselant sur des cailloux. En ce moment, les gros poissons habitant ces bassins sont tellement voraces, qu'il est dangereux de plonger sa main dans l'eau le long d'une embarcation. Il suffit de jeter un hameçon amorcé de viande au bout d'une corde, pour le retirer aussitôt avec un Aymara, une Raie, ou une Anguille tremblante (Gymnote électrique), dont la décharge électrique peut étourdir et renverser un homme robuste.

A propos des Raies d'eau douce, famille des Trygon, dont les piquants situés au-dessus de la base de la queue, sont si dangereux que leur piqûre donne le plus souvent la mort. Certaines tribus et certains auteurs croient qu'elles ne sont pas bonnes à manger. Elles sont tout au contraire excellentes. Il faut les échauder et les dépouiller de leur peau visqueuse avant de les préparer, soit au beurre noir, soit en pimentade. Bien souvent, dans les campements, sur les bancs de sable du haut Maroni, j'en ai tué d'énormes, de près d'un mètre de diamètre. Il suffit de leur appliquer un violent coup de *tacari* (perche qui sert à pousser le canot) entre les deux yeux, pour les tuer, quand elles se tiennent immobiles, à plat, sur les bas-fonds sablonneux. Quand on ne les mange pas, on les tue toujours comme des ennemis dangereux. Les Indiens font avec leurs piquants à double tranchant à fines dents de scie, des pointes de flèches qu'ils empoisonnent au curare, ce poison stupéfiant qui paralyse spontanément la victime qui en est atteinte dans le sang.

Si l'Européen admire quelquefois l'Indien pour son adresse et son courage, il n'en est pas moins payé de retour, quand, au

LES INDIENS S'EN VONT AU FOND DES EAUX CHERCHER LES CAIMANS PERCÉS D'UNE OU DEUX FLÈCHES
(Paru au *Journal des Voyages* d'après un croquis de l'auteur).

moyen d'une cartouche de dynamite jetée dans l'eau, au-dessous de certains arbres à fruits, ou dans ces bassins où les poissons pullulent, une formidable explosion en ramène à la surface des centaines foudroyés ; ou bien quand il fait de la photographie, quand il crayonne un portrait ou un dessin sur un album, ou encore quand il abat un Coata d'un arbre, d'une rive à l'autre de la rivière, à 250 ou 300 mètres, avec une balle de sa carabine. Pour eux, le blanc est un sorcier, un grand médecin qu'ils consultent volontiers, mais qui doit bien se garder de trop questionner ou de paraître ignorer cetaines choses, s'il veut conserver son prestige.

La pêche à l'enivrage ou au poison, se pratique avec succès l'été. On jette dans les criques ou dans les bassins d'eau fermés des rivières ou des savanes, des plantes enivrantes contusées et pilées que l'on fait au préalable fermenter pendant 24 heures, pour donner plus de force au poison. On le mêle ensuite dans l'eau, dans le haut des criques ; il ne tarde pas à se répandre en coulant vers l'aval, le poisson subissant une action narcotique, vient flotter à la surface et on le prend à la main ou on le tue facilement à coups de sabre. Les plantes employées à cet effet, sont généralement le Sinapou (*Tephrosia toxicaria*), le Couami (*Clibadium surinamense*), le Couami indien (*Euphorbia cotinoides* et *Phyllanthus couami*), la Liane Nicou, dite Liane *nivré* en créole, (*Leuchocarpus nicou*), le Barbasco (*Jacquinia annillaris*).

Souvent on établit un barrage en gaulettes à l'embouchure de la crique ou sur son parcours et on recueille le poisson auprès du barrage. Les Caïmans eux-mêmes, se laissent prendre et griser aussi, s'ils ne prennent la fuite bien vite, affolés, la queue en l'air, à travers bois ou dans la savane.

Les Caïmans, eux, font en cette saison la grande pêche pour leur compte. Dans la région du Ouassa, surtout, où ils pullulent, ils se mettent en troupe nombreuse, tenant toute la largeur et la profondeur d'un cours d'eau et on les voit remonter ainsi, en bandes serrées, les petits affluents, broyant dans leurs formidables mâchoires, les poissons éperdus qui se jettent d'eux-mêmes dans cette barrière de gueules ouvertes, qui leur ferme toute autre issue.

On fait encore en cette saison de bonnes pêches en fermant les petits cours d'eau par de petits barrages de baguettes et de pieux légers, auprès desquels le poisson, fuyant la sécheresse, vient s'accumuler.

Vers l'embouchure des fleuves, on installe à demeure, sur les rives sablonneuses que les marées couvrent et découvrent successivement, des barrages en bambous ou en gaulettes, où l'on jette les déchets de cuisine et toutes sortes de choses qui peuvent attirer le poisson. A la marée montante, par une large ouverture, les poissons rentrent dans le barrage. A la pleine mer, on ferme la porte au moyen d'une corde ou de tout autre système, et, quand les eaux se retirent, elles laissent le poisson à sec sur le sable, où on n'a plus qu'à le ramasser.

Dans les habitations riveraines, notamment chez feu M. Bar, au Maroni, ce genre de pêche bien facile, donnait d'excellents résultats. On y prenait, au moyen de paniers, des quantités d'une espèce de grosse Crevette d'eau douce, délicieuse à manger.

A la fin de la sécheresse, quand les eaux très basses s'accumulent dans les parties déclives des savanes, on y trouve le poisson en si grande abondance, quelquefois dans de simples flaques d'eau où il grouille, qu'on peut le prendre à la main sans difficulté. Ce sont principalement des Atipas, des Curites (*Callichtys-Aspredo hypostomus*) famille des Cuirassés (10 à 12 centimètres de long sur 3 à 5 centimètres d'épaisseur.) Ces poissons s'enfoncent dans la vase molle du sous-sol où ils peuvent vivre un certain temps sans venir respirer, mais obligés de venir prendre l'air de temps en temps, ils grouillent dans la mare de la surface ; c'est ce qui explique que pendant des mois entiers, les indigènes envoient tous les jours en remplir des seaux ou d'autres récipients sans que pour cela on les voit sensiblement diminuer. D'ailleurs, quand l'hiver revenu transforme les savanes en vaste lacs, les Atipas se multiplient vite. Ils se construisent un nid entre deux eaux de 15 à 29 centimètres de diamètre avec des algues entremêlées d'herbes et d'écume, où

ils déposent leurs œufs qu'ils surveillent et défendent courageusement pendant tout le temps que dure l'incubation.

En résumé, la pèche à la Guyane est plutôt une distraction utile
et productive qu'un travail pénible, et l'indigène ou le colon pauvres peuvent, à défaut d'autres moyens, y trouver largement leur
subsistance, sur tout le littoral et dans la magnifique et pittoresque région des lacs de Counani et Mapa jusqu'à l'Araguary.

QUATRIÈME PARTIE

LA GUYANE BRÉSILIENNE

ANCIEN CONTESTÉ FRANCO-BRÉSILIEN

CONSTITUTION GÉOLOGIQUE GÉNÉRALE

ASPECT GÉNÉRAL DU PAYS. — POPULATIONS. — PRODUCTIONS

TERRITOIRES DE COLONISATION. — L'OR. — LA HOUILLE

AVENIR DU TERRITOIRE CONTESTÉ. — CONCLUSION

L'ANCIEN CONTESTÉ FRANCO-BRÉSILIEN

Le dernier protocole du 10 avril 1897, signé entre la France et le Brésil, se basant sur les articles 7 et 8 du traité d'Utrecht dont l'interprétation assez difficile a laissé jusqu'à ce jour, la question de frontière diplomatiquement insoluble, détermine d'une façon à peu près précise, les limites de ce territoire. Au Nord : les Guyanes anglaise et hollandaise, le Tumuc-Humac et l'Oyapock ; à l'Est : l'Océan Atlantique ; au Sud ; l'Araguary (Oyari Arouari) jusqu'à sa source, et de cette source, une ligne parallèle à l'Amazone jusqu'au Rio-Branco ; à l'Ouest, le Rio-Branco.

Dans ces conditions, il est inutile de retracer ici l'histoire de la question ; il suffit de rappeler sommairement la cause de la contestation.

Le traité d'Utrecht dit en substance (art. 8) « Que la navigation de l'Amazone, ainsi que les deux rives du fleuve, appartiendront au Portugal, et que la rivière de Japoc ou Vincent Pinson servira de limite aux deux colonies :

» 1° Pour les Portugais et les Brésiliens, la rivière de Japoc ou Vincent Pinson, c'est l'Oyapock ; pour les Français, l'Araguary ;

» Voilà pour la limite de la côte.

» 2° Pour ce qui est de l'intérieur, les Brésiliens disent que la rive nord de l'Amazone signifie : tout le bassin nord de ce fleuve, les Français disent que la rive seule est brésilienne et que l'intérieur est français. »

L'arbitre accepté par les deux gouvernements, le 10 avril 1898, le Conseil fédéral suisse, s'est prononcé contre nous et a donné complètement raison au Brésil en lui accordant pour limites : le thalweg de l'Oyapock jusqu'à sa source, et de cette source, la ligne de partage des eaux, des bassins de l'Amazone et de l'Océan, dans le Tumuc-Humac, jusqu'à la Guyane hollandaise.

Toutefois, il est curieux de connaître quelques-uns parmi les principaux arguments de la France servant de base à sa contestation :

» En outre des autres documents que nous possédions — négocations de 1856, Protocole p. 144 : La France, *pour la première fois*, dit le plénipotentiaire français, vient de produire l'ensemble de ses preuves et d'en développer les détails — il semblait facile de réduire à néant, les prétentions du Brésil en lui prouvant que les mots Oyac, Oyapoc et Oyari sont, en langue indienne, des appellations géographiques communes à toutes les rivières. Oyac veut dire *rivière* ; Oyacqui, petite rivière ; Oyapoc, la grosse rivière ; Oyassa, dont on a fait Ouassa et Ouessa, veut dire rivière à droite ; Oyari, dont les explorateurs ont fait le Yari, le Jari et Aouari, d'où Araguary, veut dire indifféremment avec Oyapock, la grande rivière, la grosse rivière ; en conséquence, on ne peut pas en inférer que l'Oyapock actuel, soit précisément le Yapoc ou le Japoc du traité d'Utrecht.

» Il fallait placer la question sur un autre terrain.

» Par exemple : pour la limite à l'intérieur, il n'est pas possible qu'il soit jamais entré dans l'intention des négociateurs du traité d'Utrecht, de vouloir choisir comme limite le cours complet d'un Oyapock quelconque jusqu'à sa source ; les rives de ces rivières peuplées d'Indiens rebelles et redoutables, étant complètement inconnues en 1713. Ensuite, il tombe sous le bon sens que l'Araguary, dont le cours inférieur connu, se dirige de l'Est à l'Ouest, ait été pris comme ligne de prolongation d'une limite parallèle à l'Amazone, tandis qu'au contraire l'Oyapoc, qui, lui, a un cours sensiblement perpendiculaire au grand fleuve amazonien, a dû être naturellement écarté de la question.

LE PREMIER POSTE FRANÇAIS À CARSEVENNE (d'après une photographie de l'auteur).

(Paru au *Tour du Monde*).

» D'un autre côté, Vincent Pinson ayant eu deux navires emportés par le *prororoca*, ce naufrage historique ne peut avoir eu lieu qu'au sud de l'île de Maraca — le prororoca n'existe pas au nord — vers l'Araguary et l'Amazone où ce mascaret est encore si dangereux que les grands navires mêmes évitent avec soin de se trouver dans ces parages à chaque pleine lune ou à chaque nouvelle lune, au moment des fortes marées.

» Le Brésil nous a déjà offert, en 1856, de partager le territoire Contesté en prenant pour limite le fleuve Carsevenne ou Calsoène. La France a refusé ce partage qu'elle croyait non justifié.

» Depuis, vers l'an 1600, commencement de la contestation avec le Portugal, jusqu'à présent, l'intérieur de cette vaste étendue de territoire est demeuré à peu près blanc sur les cartes.

» Les tracés les plus fantaisistes ont été donnés par les explorateurs, aux rivières du Contesté, et il a fallu l'importante découverte des mines d'or de Carsevenne-Cachipour pour remettre à l'ordre du jour cette contestation et donner à la question une importance qu'elle n'avait jamais eue.

» Cette découverte a eu aussi d'autres résultats, en corrigeant le cours et en déterminant la source de certains fleuves, tels que le Cachipour, le Counani, le Carsevenne, le Mapa-Grande et le Fréchal.

» Elle nous apprend également que les sources du Cachipour, que l'explorateur Coudreau croyait avoir découvertes, dans ses derniers voyages, dans le voisinage de celles de l'Oyapock, ne peuvent être aujourd'hui, que les sources de l'Araguary, le seul fleuve important existant entre le Yari et l'Oyapock. D'un autre côté, des renseignements dignes de foi, des relevés récents même, nous autorisent à dire que le cours de l'Araguary, aussi inconnu des diplomates d'aujourd'hui que de ceux de 1713, se dirige Est-Ouest en partant de l'embouchure, puis tourne ensuite sensiblement vers le Nord.

» De plus, l'Araguary, dans son cours supérieur, se divise en deux branches principales, et comme l'on ne sait pas encore laquelle des deux est la plus importante, on peut s'attendre de ce fait à une nouvelle contestation. Le Brésil ne manquera pas d'affirmer : c'est la branche de gauche qui est le fleuve ; et la France sou tiendra que la branche de droite est la continuation naturelle de l'Araguary.

» Ne serait-il pas préférable de faire, s'il en est temps encore, quelques modifications à l'arrangement du 10 avril 1897 ; modifications qui correspondraient mieux à l'esprit de l'ancien traité qui, lui, n'indique que le point de départ à la côte de la frontière et n'indique pas l'attribution des terres de l'intérieur ; il dit seulement que les deux rives de l'Amazone appartiennent au Portugal.

» Il était facile, par exemple, de limiter la frontière inférieure. L'Araguary, depuis son embouchure ; une ligne à 200 kilomètres de l'Amazone jusqu'au Rio-Branco.

» A notre humble avis, si cela avait été possible, il eut mieux valu se réserver sur ce point du cours supérieur et de la source de l'Araguary encore inconnus. On comprendra l'importance de cette réserve en jetant les yeux sur une carte et en tirant une ligne de l'embouchure de l'Araguary, suivant son cours, puis le quittant lorsque ce fleuve tourne au Nord, et allant rejoindre le Rio-Branco parallèlement au cours de l'Amazone. Nous restions ainsi, dans l'esprit du traité d'Utrecht et, cependant, de vastes et riches régions peuplées d'Indiens et les vastes savanes du Rio-Branco, où pullulent les bœufs, nous échapperont certainement *si on limite à l'Araguary jusqu'à sa source.* »

L'arbitre nous a donné tort. Il n'y a plus à y revenir.

Superficie

La partie littorale d'entre Oyapock et Araguary compte environ 60.000 kilomètres carrés, avec près de 450 kilomètres de côte.

Les territoires de l'intérieur, de l'Araguary au Rio-Branco, mesurent environ deux cent mille kilomètres carrés : soit 260.000 kilomètres carrés pour le territoire que nous contestions au Brésil, superficie deux fois plus importante que la Guyane française actuelle.

L'embouchure de l'Araguary est aux portes de l'Amazone et l'île de Maraca possédant des abris sûrs en eau profonde, commande, dans une certaine mesure, l'entrée du grand fleuve.

———

Montagnes — Fleuves

En dehors du Tumuc-Humac et du faîte de partage des eaux qui limitent les Guyanes anglaise et hollandaise, trois chaînes de montagnes principales sont à citer :

1º Le prolongement du Tumuc-Humac, qui vient former le nœud où prennent leurs sources la rivière Yaoué, le Couripi, le Cachipour et la rivière Carnot, affluent principal du Carsevenne ;

2º La chaîne Lombard, qui se dirige N.-S. sur la rive gauche du cours du Cachipour, 500 mètres d'altitude ;

3º Une autre chaîne en courbe, longeant d'assez près le cours de l'Araguary.

C'est dans cette chaîne et ses prolongements que prennent leurs sources le Mapa Grande, le Fréchal et le Tartarougal.

Ces montagnes n'ont guère plus de 250 à 450 mètres d'altitude. Cependant le relief s'accentue en allant vers l'Ouest et l'on trouve au sud de l'Itani le Mont Mitaraca, de 750 mètres, et sur la frontière anglaise, le Mont Uassare, de 1.500 à 1.700 mètres d'altitude et même des pics de 2.000 mètres.

———

Climat — Saisons

Tout le pays est merveilleusement arrosé par un grand nombre de fleuves et de rivières. Le littoral sur l'Atlantique, reçoit constamment les vents alizés du S.-E. ou du N.-E., qui apportent la

LE CONTESTÉ FRANCO-BRÉSILIEN

(D'après les explorations de l'auteur et de M. Coudreau pour le bassin supérieur de l'Oyapock.)

fraîcheur et les pluies jusque sur les plateaux de l'intérieur. Le vent ne souffle presque jamais de la partie Ouest.

Deux saisons se partagent l'année : la saison pluvieuse, du 15 février au 15 août, et la saison sèche, du 15 août au 15 février.

La température moyenne de la journée est de 26 à 27 degrés à la côte, 22° dans les appartements et les montagnes de l'intérieur.

Etat sanitaire

L'état sanitaire de l'ancien Contesté est excellent. Aucune des épidémies qui sévissent au Para et dans l'Amazone, fièvre jaune et variole, n'ont encore apparu dans le pays. Les vents du large préservent toute la côte. Les maladies les plus communes sont la fièvre paludéenne et la dysenterie, et encore n'atteignent-elles que les chercheurs d'or, qui vivent de fatigues et de privations dans les forêts de l'intérieur.

Les maisons doivent être aérées le plus possible et leur façade principale exposée à l'Est, de préférence au bord d'une rivière ou d'un lac. Même en forêt vierge, partout où existe un déboisement suffisant, d'un ou deux hectares, la vie est très possible aux Européens et avec quelques travaux de drainage et d'assainissement, les accidents paludéens ne sont pas à craindre. En général, il faut éviter, en forêt vierge de l'intérieur, de s'établir sur des montagnes ou des mornes. Plusieurs propriétaires de placers en ont fait l'expérience. Les ouvriers couchant sur un point élevé, étaient toujours atteints des fièvres, tandis que ceux des ravins ou des plaines demeuraient indemnes.

Porter des vêtements légers, éviter la piqûre des moustiques, s'abstenir de boissons alcooliques, boire de l'eau filtrée et faire bouillir son filtre au moins une fois la semaine, sont des précautions hygiéniques indispensables. Avec cela, bien logé et bien nourri, on n'a pas à craindre l'anémie et les maladies.

CONSTITUTION GÉOLOGIQUE GÉNÉRALE

Nature des terrains

En général, le facies géologique peut se diviser, comme dans la Guyane française occupée, en Laurentien et Huronien de Hart. Le Laurentien composé de roches très cristallines : roches granitiques, gneiss et miscaschistes ; le Huronien formé par des roches moins cristallines : Quartzites, quartzites schisteux et micacés, parfois flexibles (itacolumite, itabirite, hemalite), schistes micacés et chloriteux, minerais de fer en grands dépôts.

Ce sont ces roches qui forment la charpente du grand plateau des Guyanes, et qui affleurent, en outre, dans les plaines, sur tous les points où l'érosion des eaux les a dénudées.

Voici schématiquement la nature et la position des roches de la région aurifère de Carsevenne-Cachipour, où l'on trouve aussi quelques lits de houille : gneiss granitoïde affleurant vers le Grand-Dégrad et dans le voisinage des placers. Injecté à travers le gneiss qu'il recouvre, vient ensuite un granite porphyroïde à microcline avec mica noir, parfois chloriteux, ou des variétés de la même roche à grain plus fin passant à la granulite. Cette roche forme un massif compact qui couvre près d'un tiers du Contesté d'entre Oyapock et Araguary sur une largeur de 100 kilomètres dans le Carsevenne. On la trouve à Cachipour et à Mapa. Elle peut fournir de beaux matériaux d'ornementation. En quelques points elle a injecté le gneiss granitoïde sous-jacent en le traversant et formant avec lui un mélange intime, elle apparaît, quelquefois, comme un gneiss granulitique rose. Elle forme, en outre, la presque totalité des montagnes comprises depuis le Grand-Dégrad à la crique Roche; seulement, ici, le feldspath (orthose) est blanc au lieu d'être rose chair.

Au-dessus de ce granite à microcline apparaissent des schistes argileux, des argiles, des conglomérats, des grès ferrugineux et des minerais de fer qui représentent peut-être, mais cela est encore très douteux (on n'a pas encore trouvé de fossiles) le Dévonien et le Permo-carbonifère. C'est dans ces roches que j'ai trouvé des échantillons de houille (*Bulletin de la Société de géographie de Paris* du 6 nov. 1896, pages 310 et 311). Ces échantillons de houille analysés par M. Fouqué, de l'Institut, Professeur au Collège de France, sont un excellent combustible....

De puissants dykes de diorite et de diabase éruptifs, criblés de filons et filonnets de quartz très riches en or, traversent et bouleversent l'ensemble de ce système. Ces dykes forment les principaux sommets des montagnes des placers.

Dans toute l'île des Guyanes, de l'Orénoque à l'Amazone, la présence de la diorite, de la diabase et des trapps, roches lourdes où dominent l'amphibole, l'augite, le péridot et le mica noir, est une caractéristique annonçant le voisinage de l'or.

Partout où apparaissent ces roches on est sûr de trouver le précieux métal en plus ou moins grande quantité.

Sur le littoral, l'ossature de roches métamorphiques est recouverte d'une couche de limons provenant en majeure partie du dépôt des vases de l'Amazone dont le courant, comme on sait, longe les Guyanes. Ceux qui ont vu comme moi, avec quelle abondance se font ces dépôts à chaque marée, pendant la saison sèche, ne doivent point s'étonner de trouver les cartes anciennes en désaccord complet avec la position des côtes actuelles qui ne cessent de s'exhausser et de gagner sans cesse sur l'Océan, par les apports successifs de chaque année. Les fleuves sont obstrués; les lagunes séparées de la mer, deviennent en peu de temps des lacs d'eau douce dans l'intérieur.

C'est ainsi que s'est formée la région des lacs de Mapa à l'Araguary, anciens appareils littoraux abandonnés par la mer.

ASPECT GÉNÉRAL DU PAYS

Le voyageur qui, partant de l'Oyapock, veut traverser l'ancien Contesté du Nord au Sud, doit s'enquérir de canotiers, qui pourront aussi être des porteurs, et se munir de vivres suffisants pour une route de plusieurs mois. Il lui faut partir autant que possible au commencement de la saison sèche, c'est-à-dire fin juillet ou commencement d'août.

Cinq jours de canotage, en remontant le Ouassa où l'on trouve quelques rares habitations, l'amèneront à la rivière Couripi, l'affluent de gauche le plus important de ce fleuve.

Nous sommes ici en pays indien : les rivières ont presque toutes une lisière de forêt épaisse quelquefois d'un kilomètre et plus, interrompue de temps à autre par une échappée qui donne vue sur d'immenses savanes propres à l'élevage du bétail. Le pays, en grande partie noyé pendant la saison des pluies, est sec et brûlé à la saison sèche.

Au milieu de ces immenses lacs qu'on appelle savanes, se trouvent des îlots de terre ferme et fertile; c'est là que l'Indien construit sa case et fait ses plantations. En hiver, il peut entrer dans sa cuisine avec sa pirogue; mais il n'en est pas de même en été : ces immenses lacs se vident et se dessèchent en grande partie et la moindre étincelle, tombée dans les herbes sèches, allume des incendies qui durent quelquefois des mois entiers. S'il arrive que l'on soit surpris par un de ces incendies poussés par un vent violent, pour éviter d'être brûlé et quasi asphyxié il faut immédiatement allumer soi-même à ses pieds un nouvel incendie qui, dévorant de suite un certain espace vite refroidi permet de se garer de l'ouragan de flammes et de fumée qui passe à droite et à gauche.

Pendant l'été, l'Indien quitte sa case de la savane et vient habiter sous les frais ombrages bordant la rivière. Il y construit ordinairement un petit carbet, avec des feuilles de palmiers, pour se mettre à l'abri de la fraîcheur des nuits. Le plus souvent, il ne se donne même pas cette peine ; il dort en famille sur des feuilles de pinot (palmier de marais), sous une grande moustiquaire carrée, soutenue aux quatre coins par des piquets. En cette saison, la vie est douce pour lui : dormir, manger et boire, se baigner, pêcher, chasser, chanter le soir au clair de lune, en buvant du cachiri, sont ses occupations favorites.

Parmi ces populations, il faut distinguer les habitations plus confortables des métis et des créoles de l'Oyapock.

Après deux nouveaux jours de navigation, on arrive, toujours sur le Ouassa, aux premières habitations des Indiens Palicours, de la rivière Roucawa. Sur la rive gauche, se trouve un petit système montagneux, où l'on remarque la montagne Sousouris, nom créole, qui veut dire chauve-souris. Comme ce nom l'indique, c'est le repaire préféré des vampires. Les bords de la rivière sont très fréquentés par les caïmans et il n'est pas rare de les rencontrer par bandes tellement nombreuses, qu'elles arrêtent les canots qui vont à la pêche ou à la chasse, dans les petits affluents de droite et de gauche. « Sur une étendue de cinquante mètres de long sur six ou huit de large, dit le P. Fabre, dans sa relation d'une mission apostolique dans cette région, les têtes des caïmans, à fleur d'eau, étaient serrées comme les pavés d'une rue. » (Voir *ante* *Pêches*.)

Un peu plus haut, c'est, toujours sur la rive gauche, la montagne Tipock, et après la montagne, la rivière du même nom. Tout le long de la rivière, sur une étendue de 60 kilomètres environ, sont disséminées, par petits groupes de 3 ou 4, les cases des indiens Gallibis. Cette tribu, autrefois très puissante, occupait tout le littoral, depuis Surinam jusqu'au Carapaporis ; mais il n'en

reste plus aujourd'hui que quelques débris au Maroni, Mana, Sinnamary, l'Oyapock et Ouassa.

Sur la rive droite de l'Ouassa, un peu avant le confluent avec
la rivière Tipock on trouve la crique Macaouane, qui draine les
eaux de grands marécages où pullulent les caïmans et toutes les
espèces de gibier d'eau du pays. Par cette voie, à la saison des
pluies, on peut aller en canot du Ouassa au Cachipour.

Enfin, en remontant toujours le fleuve, à 136 kilomètres environ de son embouchure, on arrive à la montagne Pelée (*Pelado*
en brésilien), gigantesque monolithe granitique avec minerais de fer
dépourvu de végétation, qui se dresse sur la rive droite. De ce
point, en marchant au Sud pendant trois ou quatre heures, on
peut atteindre le Cachipour, en traversant la fameuse savane de
Pomme, l'ancien député de la Guyane française sous la Convention. Ici
se rencontraient autrefois, des établissements prospères et de grands
troupeaux de bœufs paissaient dans ces riches savanes, où le bétail
trouvait en toute saison de gras pâturages et de l'eau. On aperçoit
encore au bord de la rivière, les ruines de ces habitations, qui
furent pillées et ruinées par les Portugais, pendant les guerres de
la Révolution.

Cachipour

A Cachipour, l'aspect change, les habitants sont en majorité
des Brésiliens et des métis. Les habitations sont séparées, le long
du fleuve, par des vastes espaces. Peu de savanes, et d'ailleurs
impropres à l'élevage, aussi, peu ou point de bétail. Cependant,
on peut trouver à s'y approvisionner de couac (farine de manioc),
de bananes et de poisson sec. La population a été considérablement
augmentée en ces derniers temps, par les soi-disant colons et
travailleurs de colonisation, qu'une Compagnie brésilienne subven-
tionnée, y a introduits. Cette Compagnie y a fondé un établissement nommé Cologne, sur un plateau, rive gauche du fleuve.

La région du Cachipour est très riche en or, des découvertes récentes viennent d'y être faites et on peut prévoir et prédire l'avenir prospère et certain qui s'y prépare.

De Cachipour, un petit sentier à travers la forêt vierge (point de savanes), conduit en trois jours à Counani, quand le temps est favorable ; dans le cas contraire, il faut compter quatre jours.

———

Counani

Counani est un bourg florissant de 350 habitants, situé sur la rive gauche du fleuve de ce nom, à 20 kilomètres environ de son embouchure. Il y a un quai ombragé de beaux manguiers, avec appontement au débarcadère. Une église assez bien entretenue et quelques maisons avec planchers, couvertes en tôle métallique, ont un aspect assez confortable. Quelques-unes sont de véritables magasins de commerce, où l'on trouve un peu de tout, comme à Cayenne.

Dans la rivière, à un ou deux jours de canotage, on trouve d'assez belles habitations où l'on fabrique du couac ; on y récolte un peu de caoutchouc. On exploite aussi des bois de construction et d'ébénisterie ; on y peut acheter du machoiran salé et du poisson sec en abondance.

L'élevage du bétail n'y réussit pas parce que les savanes de Counani ne sont pas *doubles*, comme on dit dans le pays ; elles sont trop sèches ou trop noyées.

Quant à la fameuse Cacaoyère des Pères Jésuites, dont M. Coudreau a fait une belle description, elle est située à 3 heures de canot, en amont du village, sur la rive droite. Il en reste encore pas mal de pieds sur une longueur de 4 à 500 mètres et une moyenne de 60 à 70 mètres de largeur. Les plants énormes et très vieux portent encore des fruits, malgré les lianes et les plantes parasites qui les dévorent.

Deux fois par mois, à chaque quartier de lune, un vapeur brésilien subventionné vient directement du Para à Counani, faisant escale au retour à Carsevenne et à Mapa, et une fois par mois, à l'Araguary. A partir d'ici, le voyage est facile et l'on est presque en pays civilisé.

UNE HABITATION CONFORTABLE. — JARDIN (d'après une photographie de l'auteur).
(Paru au *Tour du Monde*).

Au Sud, entre Counani et Carsevenne, se trouvent les belles savanes de Rio-Novo (la Nouvelle Rivière) dont une branche se jette dans un vaste lac d'eau douce et une autre se perd dans les sables et les marais, avant d'arriver à la mer. On peut à la rigueur, à la belle saison, traverser à pied cet espace de 45 à 50 kilomètres qui sépare les deux fleuves, en 2 ou 3 jours de marche ; mais il y a peu de guides qui connaissent cette route, et les plus malins se perdent, même avec une boussole, dans ces plaines herbeuses toutes pareilles, coupées de toutes parts par des bouquets de verdure également pareils et par des rivières aux sinueux contours se perdant dans des fondrières ou des marécages où elles se reforment pour aller encore plus loin se perdre de nouveau sous un lit d'herbes vertes et de fleurs où l'imprudent égaré trouve un tombeau qui l'engloutit vivant.

———

Carsevenne

Le voyage par mer de Counani à Carsevenne avec un grand canot, peut, s'il y a bon vent, se faire en une seule journée.

Le Carsevenne est un fleuve un peu plus fort que notre Charente. Son embouchure est large et spacieuse, mais tortueuse et complètement cachée à la vue du large. De plus, elle est obstruée par des bancs de sable et vase qui rendent la navigation difficile. Heureux pays de chasse et de pêche où pullulent les palmipèdes et les échassiers vivant côte à côte sur le même banc de vase ou le même tronc d'arbre mort, où on les voit perchés pêle-mêle, depuis la petite alouette de mer, la bécassine et le chevalier, jusqu'au grand jabiru au bec énorme. Comme dans toutes les autres rivières de l'ancien Contesté, ce sont d'abord des rives marécageuses, couvertes de palétuviers, puis des palmiers en grand nombre avec des carapas ; des palétuviers rouges et des bois plus durs, précieux pour les constructions et l'ébénisterie.

Les aras bleus et rouges, les perroquets verts et bleus, les perruches, les toucans, les ibis éclatants couleur de pourpre et les aigrettes plus blanches que l'hermine, remplissent de bruit, de mouvement et de poésie, les rives du fleuve enchanté qui conduit aux mines d'or.

Avant la découverte de l'or, Carsevenne n'avait que 45 à 50 habitants disséminés dans cinq ou six habitations situées sur la rive du fleuve, auprès de vastes savanes propres à l'élevage, sur un espace de 45 kilomètres environ. Aujourd'hui, depuis 1894, cela a bien changé ; le bourg principal, situé à 24 kilomètres de l'embouchure, en face de la seconde chute, possède plus de cent cases, presque toutes rebâties à neuf, après l'incendie du 28 septembre 1897 qui le dévora presque en entier. Quelques-unes de ces cases sont à étage et presque toutes sont habitées par des commerçants français et quelques anglais s'approvisionnant à Cayenne ou en transit des autres pays, Démérari, les Antilles et même directement de France, par la Société Française de l'Amérique Equatoriale, nouvellement établie sur ce point (1).

Il est bien malheureux de constater ici, qu'aucune autorité, sinon le caprice plus ou moins fantasque des habitants, n'ait présidé à l'établissement de ce bourg important, pour faire au moins aligner les rues et les places et laisser entre elles un espace suffisant. Les maisons de bois, disparates, en désordre, ont l'air de se pousser et de se bousculer le long de petites rues tortueuses et trop étroites dans le voisinage immédiat du banc de roches qui sert de débarcadère. Il en résulte de graves inconvénients pour l'état sanitaire de la population, sans compter qu'une simple étincelle, comme en 1897, peut embraser en quelques heures tout le groupe central du village.

Les vapeurs et navires, ne calant pas plus de 2^m80 à 3 mètres peuvent venir mouiller en face du bourg, où le transbordement et le débarquement se font facilement à l'aide d'embarcations.

Le village de Firmine, en face, rive gauche, compte une vingtaine de cases où habitent surtout les métis du pays et les brésiliens, 60 environ. La population totale des deux rives atteint 500 habitants.

A 50 kilomètres de l'embouchure, on ne trouve plus de savanes, la forêt vierge règne en maîtresse avec ses hôtes mystérieux couvrant de sa ténébreuse humidité des débris organiques de toutes sortes où grouillent des milliers de mondes d'animalcules vivant de la putréfaction.

A 100 kilomètres à vol d'oiseau dans l'O.-1/4-S.O, 150 au moins par la rivière, se trouve le Grand-Dégrad, village assez important où se fait le transbordement des marchandises pour le Petit-Dégrad, à 13 kilomètres à vol d'oiseau dans l'Ouest.

(1) Cette société fait également établir un monorail qui doit réunir Carsevenne aux placers. Sur 108 kilomètres à construire, 67 sont complètement terminés.

Le Petit-Dégrad est le point le plus peuplé de l'intérieur : on y compte encore aujourd'hui 250 à 300 cases, et de 6 à 700 habitants suivant la saison.

C'est dans le bois, à peine éclairci, sous les grands arbres, au bord de la petite rivière Tamba de 8 à 10 mètres de large, encore

VILLAGE DE FIRMINE A CARSEVENNE (d'après un photographie de l'auteur)

navigable pour les petits canots et les pirogues, des cases disséminées sans ordre, de ci, de là, parfois agglomérées par 4 ou 5 avec un embryon de rue, coupées de petits sentiers au bord desquels gisent des ordures et des détritus sans nom. Quelques coins cependant de ce campement cosmopolite sont tenus avec soin par leurs propriétaires premiers occupants. Nous sommes heureux de constater que ce sont pour la plupart des Français.

Du Petit-Dégrad part l'unique sentier qui conduit aux placers. Il s'enfonce à l'Ouest dans la forêt vierge, sur une longueur de 35 à

40 kilomètres et franchit ou contourne 32 montagnes peu hautes : 250, 300 et 400 mètres d'altitude, mais quelques-unes presque à pic. Quand le sol de glaise rouge, sur les pentes, est détrempé par les pluies, on redescend, souvent sans le vouloir, la montée glueuse et glissante que l'on a eu tant de peine à gravir. Autre agrément : il y a les marécages entre deux montagnes où l'on enfonce jusqu'au ventre.

Malgré tout, les approvisionnements de 1500 à 2000 mineurs, se font par cet unique sentier, à dos d'homme, et, une charge de 25 kilos coûte encore 6 grammes et 8 grammes d'or pour *aller au fond*, comme disent les mineurs.

Au beau temps du « rush », le transport d'une charge du Petit-Dégrad aux placers se payait 60 grammes, une boîte de sardines coûtait 10 grammes, une boîte de lait 20 grammes, et j'ai acheté au mois d'août 1894 au Grand Placer, un quart de bouillon gras en bouteille, 15 grammes d'or, le reste à l'avenant. Aujourd'hui ces prix sont à peu près raisonnables : une boîte de lait coûte 1 gramme, un pain d'une livre 1 gramme, deux boîtes de sardines 1 gramme, etc.

Le voyage du bourg de Carsevenne au Grand-Dégrad se fait en cinq ou six jours, au moyen des pirogues des Boschs Saramacas ou de canots créoles, pouvant porter chacun de une à deux tonnes de marchandise, suivant la saison. Ce voyage d'aller coûte 35 francs par 100 kilos et par passager ayant droit d'apporter avec lui son *pagara* ou une petite malle. Le voyage de retour ne coûte que 15 à 20 francs par passager et peut se faire en deux jours et demi ou trois jours au plus.

Mapa

Au sud de Carsevenne se trouve la plus belle et la plus importante région du Contesté. C'est ici qu'est l'avenir.

Cette région peut nourrir plus d'un million de colons : pêcheurs, agriculteurs, éleveurs et mineurs.

Là, en effet, tout est préparé pour recevoir des habitants : pas de routes à faire, elles existent ; les lacs pullulant de gibier et de poisson et les mille canaux qui les relient ; pas de défrichement ou presque pas ; les savanes sont immenses et fertiles et nourrissent déjà une race de bœufs très appréciés au Para et à Cayenne.

Les chevaux et les moutons s'y acclimatent très facilement.

De Carsevenne on peut aller à Mapa, par les savanes du Trapyche, situées rive droite, à quelques lieues en amont du village ; mais il vaut mieux aller par mer. Si le vent est favorable, en douze heures on arrive au mouillage des vapeurs, à La Croix de Mapa (8 mètres d'eau à marée basse). On nomme ainsi l'intersection de quatre branches, l'une principale, ou rivière de Maragnan, qui draine les eaux des lacs de l'intérieur et de leurs affluents, fleuves importants : Fréchal, Tartarougal et Petit-Tartarougal, où l'on va chercher les bœufs si estimés de la région de l'Apurema ; l'autre, par la branche de rivière nommée Dassert et du Grand-Lac qu'on nomme aussi Rio Grande ; la petite rivière du village qui sert d'écoulement au lac de Campo ou le Petit-Mapa, et enfin, une quatrième branche à l'est qui va vers la rivière Macary et le Carapaporis. Au nord de La Croix de Mapa se trouve le Mapa-Grande qui mêle ses eaux à son embouchure avec toutes ses rivières.

Dans le Mapa Grande, rive gauche, en face de la première chute, à un kilomètre de l'habitation de Pedro de Frêtas, on voit un monticule surmonté des ruines d'un tombeau en forme de tronc de pyramide construit en pierres granitiques colossales et taillées. On y a trouvé des urnes remplies de cendres analogues à celles trouvées dans les sépultures indiennes.

Ce monument, certainement très ancien, indique la force et la civilisation du peuple qui a su tailler, aligner et mettre en place des blocs aussi durs et aussi lourds.

De la Croix de Mapa on arrive au chef-lieu en une heure de canotage. Mapa est un village d'une cinquantaine de cases, avec une église et un blockhaus construit par Cabral. Une vingtaine de maisons sont planchéiées et fermées sur les côtés. Il y a deux grandes rues principales, larges de plus de dix mètres et les cases sont séparées les unes des autres. L'une de ces rues est parallèle à la rivière et l'autre perpendiculaire à la première. Toutes deux sont situées sur

Le quai de Carsevenne, d'après une photographie de l'auteur.
(Paru au *Tour du Monde*).

deux langues de terre rouge entourées de tous côtés par la vase et les palétuviers, excepté sur un seul point où passe le sentier qui rejoint, 15 kilomètres plus loin, la branche du Maragnan à l'habitation Thomé. Ainsi entouré de marais et de palétuviers, on comprend que Mapa soit un point stratégique de première importance.

En partant de Mapa, de quelque côté que se dirige le voyageur, il trouvera partout, de loin en loin il est vrai, des habitations prospères, et la pêche et la chasse ne le laisseront jamais manquer du nécessaire.

Avec les petits caboteurs du pays, nommés tapouyes, on peut aller, en trois ou quatre jours, jusqu'au Tartarougal, en passant par le Maragnan, le lac Kémado, le lac Rédondo, les lacs Jabourou (Jabiru) Toucounaret, Paracouba, Tapaye, Comprido, Coujoubi, Itoba.

Plusieurs sentiers traversent en outre le pays depuis Mapa et, en remontant vers les (campos grandos) savanes à bœuf de l'intérieur, (en tout trente mille têtes), on peut aller en cinq jours par terre jusqu'à l'Apurema. Par l'Apurema, la région la plus riche en savanes et en bétail, nous touchons à l'Araguary.

C'est aussi la partie la plus prospère, sinon la plus peuplée du Contesté. Dans les campos coupés de petits cours d'eau aux rives boisées de ci de là, le voyageur qui suit un des nombreux sentiers du pays, aperçoit au milieu de la savane un petit morne ombragé de grands arbres et d'autres plus petits : arbres fruitiers pour la plupart : manguiers, orangers, citronniers, goyaviers, bananiers, etc.., au milieu desquels se dissimule l'habitation ou *fazenda* du fazendeiro ou éleveur du campo. Le voyageur inconnu y trouvera toujours la plus franche et la plus cordiale hospitalité. Ici, c'est la vie patriarcale, douce et facile. En dehors du lait frais, du fromage, des volailles et des œufs, des porcs vivant en liberté, des moutons dont le fazendeiro peut user à volonté, ses *vaqueros* à cheval, qui surveillent le jour les grands troupeaux de bœufs, lui apportent à leur rentrée chaque soir un approvisionnement de gibier suffisant qu'ils ont eu le loisir de tuer dans leurs longues courses de la journée. A la tombée de la nuit, les vaches nourrices et leurs petits rentrent au parc près de l'habitation, où elles sont plus à l'abri des attaques des jaguars.

Après le repas du soir et la prière qui se fait en commun, dans la

nuit douce et parfumée, au clair de la lune, commencent les réjouis-
sances : les danses et les chants accompagnés des violons, du rebec,
de la mandorre, et de la clarinette, jusque bien avant dans la nuit.
Les soirs moroses, de pluie ou d'orage, assis en cercle dans la salle
commune, les fazendeiros, leurs vaqueros et leurs femmes aiment à
conter leurs aventures de chasse ou de pêche ou des histoires plus
tragiques sur les indios bravos, le diable et les sorciers.

Je cite en passant une des jolies légendes de ce pays :

« Touchaou, le fils du chef, est triste, triste comme un chant
de mort et sa vieille mère, qui l'observe dans l'ombre, pleure en
silence, de voir la tristesse profonde assombrir ainsi son enfant
préféré. Il se lève, la nuit, seul et taciturne et s'en va rêver au
bord de l'eau, qui balbutie doucement, et des mots entrecoupés de
soupirs sortent de ses lèvres tremblantes.

La pauvre mère n'y tient plus : « Mon fils, dit-elle, s'approchant
de lui, un nuage sombre obscurcit ton front et de douloureuses
pensées te font courber la tête. Dis-moi de quel mal tu souffres,
je pourrai peut-être t'en guérir ? »

Touchaou, relevant la tête :

« Mère, écoute, mon secret m'étouffe et je veux me soulager
à te raconter les tristesses qui me torturent.

» C'est une jeune fille si jolie... si belle, que je n'en ai jamais
rencontré ainsi dans toute notre tribu.

» La nuit était belle, la brise était douce, le ciel pur troué
d'étoiles et dans ma pirogue, je voguais légèrement dans la direction de notre village. Soudain, j'entendis comme un chant plaintif
et lointain, une voix harmonieuse et si douce, si douce, qu'on la
distinguait à peine d'avec le sussurrement de la brise entre les
feuilles et les palmes.

» Ma pirogue s'avançait, légère, sur les eaux transparentes du
lac, où se miraient les étoiles et plus distinctement m'arrivaient
les sons de cette voix qui chantait.

» Tout à coup, je la vis... Comme elle était belle, mère. Comme
elle était belle, la femme que je vis.

» Elle était assise sur un tronc d'arbre penché sur le bord de la
rivière, ses longs cheveux d'or étaient noués avec des fleurs de

morérou et elle chantait comme jamais je n'ai entendu chanter ainsi.

» Elle fixa ses yeux verts sur moi, me sourit un moment, étendit les bras comme si elle eût voulu m'enlacer et disparut en chantant, à travers les eaux, qui s'ouvrirent pour la recevoir. Oh ! mère, comme elle était jolie, la jeune fille que je vis ainsi... Comme ils étaient mélodieux, les sons de cette voix qui chantait. »

Pendant que son fils parlait, les yeux de la vieille indienne se remplirent de larmes silencieuses, qui roulaient une à une sur sa face ridée : « Mon fils, répondit-elle, ne retourne jamais plus la nuit, sur le lac. La femme que tu as vue, n'est autre que la *Uyára*, la fée des eaux... Son sourire est plus mortel que le venin du crotale. Malheur et malédiction à celui qui écoute sa voix et qui cède à son enchantement. »

Et Touchaou, assis au seuil de la maloca (case maternelle), laisse pendre ses bras découragés et son front pensif s'incline vers la terre : « Mère, dit-il, avec un soupir, je n'y retournerai pas. »

Le jour suivant, à l'heure où le soleil se couche à l'horizon, au-dessus des collines sombres couvertes d'épaisses forêts, Touchaou prend son arc et ses flèches, une pagaïe, et, furtivement, va détacher sa pirogue au bord de l'*Iguarapé*.

Qu'a-t-il à craindre ; il est bien armé ; son coup d'œil est sûr et son bras ne tremble pas.

Et, la nuit venue, il vogue silencieux comme une ombre, vers les eaux calmes du lac.

Sa vieille mère vient tous les soirs sur le *dégrad*, où dorment les pirogues, interroger de ses yeux secs, taris de larmes, l'amont et l'aval de l'*iguarapé* (rivière). Elle attend son fils, qui ne revient pas.

Qu'est-il advenu de lui ? nul ne le sait, puisque personne ne l'a jamais revu. Cependant, quelques pêcheurs attardés sur le lac, aux heures mortes de la nuit, ont vu plusieurs fois, le long de la berge, une femme couronnée de fleurs, qui passait en chantant, et, derrière elle, un homme la suivait.

Une fois, l'un d'eux, plus audacieux que les autres, s'approcha pour voir de plus près ; mais les eaux s'entrouvrirent et la femme et l'homme disparurent. »

Tel est, dans ses grandes lignes, l'aspect général du pays compris entre l'Oyapock et l'Araguary. Ce dernier fleuve est au moins égal comme débit à celui du Maroni et les vapeurs y remontent à plus de 200 kilomètres dans l'intérieur, jusqu'à Ferrero-Gomez, village situé sur la rive droite, de formation récente et d'avenir certain, où se centralise le caoutchouc, de plus en plus exploité, de plus en plus abondant, que l'on récolte dans le bassin de l'Araguary.

Populations

La population d'entre Oyapock et Araguary peut se décomposer comme suit :

Ouassa et Couripi...	500 hab.	Indiens Arouas, Palicours et Gallibis et quelques créoles noirs français.
Cachipour	250 »	Noirs créoles et métis français et brésiliens.
Connani	350 »	Noirs créoles français et brésiliens en plus grand nombre, quelques blancs.
Carsévenne	4000 »	Noirs créoles français, anglais, hollandais, commerçants et mineurs, 50 Brésiliens environ avec femmes et enfants, quelques blancs.
Région de Mapa à l'Araguary.....	1800 »	Presque tous brésiliens, négociants, éleveurs, pêcheurs et chercheurs de caoutchouc, les blancs dominent.
Vers les sources de l'Aguary..........	500 »	Indiens, Oyampis, Pirius Caoucichianes.
Haut Tartarougal et Fréchal.....	250 »	Indiens Aramichaux.
Total.........	7650 »	

Soit un total de 7.650 habitants environ.

Fuyant les conquistadores et après eux les cruautés des Portugais qui les réduisaient en esclavage, toutes les tribus indiennes de

INDIENS DE LA GUYANE BRÉSILIENNE (d'après une photographie).

l'Amazone se sont réfugiées vers les montagnes centrales, dans la région comprise entre les sources de l'Oyapock et de l'Araguary et le Haut Rio-Branco.

14

Voici, de l'Ouest à l'Est, les principales tribus connues : les Macouchis, les Ouapichianes, les Taroumas, les Atorradis, les Chiricoumes, les Coucoïchis, les Conitias, les Hirichamans, les Toucanes, les Assahys, les Japïïs, les Ouayéoués, les Tarinos, les Caras, les Ouatchas, les Paricotes, les Coudouis, les Néres, les Piannocotes, les Tounayanes, les Trios, les Roucouyennes, les Apalaïs, les Oyampis, les Coussaris, les Tamocones, les Comiachis, les Arénaïbous, les Pirious, les Caoucîchianes, les Aramichaux.

Quelques-unes de ces tribus, comme les Roucouyennes, les Oyampis (venus du Pérou, parlent la langue Tupi), les Apalaïs, les Piannocotes, les Trios, les Coussaris, les Ouayéoués, comptent chacune plusieurs milliers d'individus.

Je ne crains pas d'évaluer au moins à cent vingt mille le nombre total des indigènes du territoire contesté.

Si l'on ajoute à cela que de puissantes compagnies, auxquelles le Brésil a concédé entièrement, le Jari, le Parou, le Jamunda, le Trumbettas, etc., exploitent avec de nombreux ouvriers, les arbres à caoutchouc très abondants dans les forêts avoisinant ces grandes rivières et leurs affluents, ensuite, les éleveurs des vastes prairies du Rio Branco, on aura une idée de l'importance de cet immense territoire encore vierge où dorment tant de richesses naturelles qu'il n'est besoin que de récolter comme le caoutchouc et l'or.

Le colon européen arrivera dans la Nouvelle Guyane brésilienne avec un stock de marchandises, parmi lesquelles il faut mettre au premier rang : le tafia, le vin, la farine, les tissus (toile bleue, toile blanche, cotonnades, indiennes, mouchoirs, paliacas, broderies à bon marché), saindoux en boîtes de 5 kilos, 1 kilo et 1/2 kilo, beurre, sucre en boîtes, huile d'olive, savon, lait concentré, biscuits en caisse, chapeaux de laine et de paille, quelques outils, pioches, pelles, houes, sabres d'abatis, haches américaines, fusils de chasse, poudre, plomb et cartouches, quinine et médicaments, etc. Cela lui permettra de s'acclimater d'abord et de s'orienter sur ce qu'il pourra faire dans la suite.

Avec cela, la vie du colon sera douce ; dès son arrivée, il réalisera de beaux bénéfices, et, en toute sécurité, il pourra procéder, tout en ayant les loisirs de la pêche et de la chasse, à une plus importante installation dans l'avenir. Bien logé et bien nourri, on ne craint pas la fièvre.

Voici la liste de quelques prix de vente des marchandises arrivées à Carsevenne, sans payer de droits, au mois de mars 1898.

Morue en caisses en fer soudées de 25 kilos, 1 fr. 20 le kilo, 2 fr. 50 au détail.

Vin ordinaire, la dame jeanne de 15 litres, 14 fr.: au détail : 2 fr. le litre.

Bière en paniers, 1 fr. la bouteille, 2 fr. au détail.

Saindoux français : 2 fr. le kilog., par boîte de 10 et 5 kilos.

Saindoux américain : 1 fr. 50 le kilog., par boîte de 10 et 5 kilos.

Sucre scié sous zinc : 1 fr. le kilog, au détail 2 francs.

Lait concentré par caisses de 48 boîtes : 1 franc la boîte.

Biscuits sous zinc : 30 et 35 francs la caisse de 25 kilos.

Huile d'olive surfine (Plagniol) : 2 fr. 50 la bouteille, 3 et 4 francs au détail.

Vermouth : 22 et 24 francs la caisse de 12 bouteilles, 2 fr. et 3 francs au détail.

Lentilles : 1 fr. à 1 fr. 50 le kilog.

Haricots : 0 fr. 80 à 1 fr. 50 le kilog.

Oignons : 2 fr. et 3 fr. le kilog.

Ail : 3 fr. le kilog.

Pommes de terre : 12 fr. et 14 fr. les 25 kilos ; au détail 1 fr. le kilog.

Tissus, cotonnades, indiennes : 1 fr. 20, 1 fr. 50 et 2 fr. le mètre.

Calicot : depuis 0 fr. 35 le mètre.

Toile bleue : 2 fr. le mètre.

Ces prix doublent et triplent dans les autres centres du Contesté.

Productions

En tête des principales productions, se trouve l'or ; aussi, lui consacrerons-nous un chapitre spécial et détaillé. La seule région

jusqu'ici exploitée et connue de Carsevenne-Cachipour (30 kilomètres carrés environ) donne une moyenne qui se maintient
encore à 100 kilos par mois.

L'approvisionnement des commerçants et chercheurs d'or de

UNE FEMME DE CARSEVENNE (d'après une photographie de l'auteur).

Carsevenne, nécessite une consommation mensuelle d'environ deux
cents tonneaux de provisions de toute nature, qui arrivent de
Cayenne tous les mois ou en transit des autres pays. Ce tonnage
tend tous les jours à augmenter, car les autres centres du Contesté viennent de plus en plus échanger leurs produits et s'approvisionner à Carsevenne.

En outre des caboteurs, deux vapeurs font le service de
Cayenne à Carsevenne et un autre vapeur brésilien *subventionné
celui-là*, fait la ligne du Para, Araguary, Counani, Carsevenne,
Mapa, deux fois par mois, à chaque quartier de lune, pour éviter le *prororoca* du Cap de Nord, très dangereux au temps des

fortes marées. Aucun navire ne se risque à la pleine ou à la nouvelle lune, dans les parages de l'embouchure de l'Araguary au Carapaporis.

Ensuite viennent : le caoutchouc, très abondant et reconnu de première qualité au Para ; les bœufs et les moutons dont nous avons déjà parlé ; les chevaux et les porcs ; la pêche sur la côte qui fait vivre plus de deux mille pêcheurs et occupe 200 à 250 bâteaux tapouyes, revenant après chaque saison au Para avec 1.000 tonnes de poisson sec ; la pêche dans les lacs, très rémunératrice avec une espèce de morue monstre acclimatée dans l'eau douce et qu'on nomme *cury* et *piracoucou* ; les bois de construction et d'ébénisterie et surtout le wapa (ouapa) bois résineux qui ne pourrit ni dans la terre, ni dans l'eau, et qui servirait avantageusement pour le pavage en bois de nos rues ; la farine de manioc ou couac, les bananes, le café ; le cacao qui ne demande pas une grosse main d'œuvre ; le maïs, le tabac, la canne à sucre, etc. ; pour l'avenir, les carapas et les balatas qui poussent aux bords des rivières, servant de bordure aux savanes, sinon en familles, mais assez rapprochés pour être facilement exploités.

TERRITOIRES DE COLONISATION

Le territoire contesté possède environ 90.000 kilomètres carrés de savanes et de prairies, à peu près 40.000 à la côte, 40.000 sur la rive gauche du Rio Branco et 10.000 dans la région intermédiaire.

Les savanes et les prairies de l'intérieur sont saines ; leur climat tempéré et sec, un peu semblable au climat de l'Algérie, convient à la colonisation européenne.

La région de Mapa et des lacs surtout, semble plus particulièrement désignée pour devenir une région de peuplement pouvant nourrir plus d'un million d'habitants. Ici, en effet, peu ou point de routes à construire, elles existent : les lacs et les nombreux canaux qui les relient ; point de travaux préparatoires pénibles et malsains : dessèchements et défrichements. Le colon des prairies sera avant tout un éleveur, ce qui le dispensera de remuer la terre. Ensuite, la plupart de ces cultures industrielles, café, cacao, roucou, tabac, coton, se contentant des terres légères du pays pourront être faites en savane. Avec un petit capital, il pourra s'installer et trouver tout de suite en abondance pour son alimentation : poisson et viande de bœuf à bon marché. La région possède aujourd'hui 30.000 têtes de bétail, sans compter les chevaux et les moutons. Le kilog. de viande y coûte 0 fr. 50 au détail. Sur pied, avec marchandises d'échange, tafia, vin, farine, tissus, etc., le kilog. de viande y revient à 20 ou 22 centimes.

Une particularité digne de remarque, c'est que la viande des bœufs de Mapa, si appréciée à Cayenne, est bien supérieure à celle des bœufs de l'Orénoque qui revient aussi cher ; et enfin, autre avantage non moins important, la distance de transport est trois fois moindre.

En résumé, établissement facile, climat relativement tempéré, pêche et chasse abondantes, nourriture confortable, voilà réunis les éléments nécessaires, indispensables à la prospérité de toute colonisation.

L'OR

Sa découverte

Vers la fin de l'année 1893, deux habitants du Contesté franco-brésilien, de passage à Cayenne, racontaient que le père de l'un deux nommé Germane, avant de mourir, leur avait déclaré qu'il avait un jour vu en songe saint Antoine. Ce bienheureux lui avait dit qu'il y avait de très riches mines d'or vers les sources du Carsevenne et que le temps était venu de les exploiter. Les gens qui ne croient point à saint Antoine se moquèrent d'eux et quant aux bons catholiques de Cayenne, ils se contentèrent de sourire avec incrédulité et refusèrent de faire crédit de leurs marchandises et de leur argent pour organiser une expédition.

Ils commençaient à désespérer, quand une sorte d'armateur, et patron de cabotage, Pierre Villiers, de Cayenne, brave homme qui croit aux miracles, aux songes et un peu aussi aux pratiques du fétichisme (piaï) envoya son ami Clément Tamba (Krouman d'origine, venu à Cayenne à 20 ans comme émigrant), avec une expédition pour aller prospecter le territoire en question.

Après une neuvaine à saint Antoine à Carsevenne, Germane servant de guide à Tamba et à son expédition, remontèrent le fleuve pendant quatre jours et arrivèrent à un confluent important.

Le saint consulté indiqua la plus petite rivière à droite. Cette rivière encore inconnue et innommée alors est aujourd'hui relevée et
inscrite sur les cartes : rivière Carnot (voir la carte de cette région
publiée dans le *Bulletin de la Société de Géographie* du 8 novembre
1895, p. 312 et 313). Nos prospecteurs remontèrent cet affluent et
à la fin du cinquième jour, ils furent arrêtés par un grand saut, ou
mieux une suite de sauts, de près d'un kilomètre de longueur.
Traînant leurs canots à terre et transbordant leurs marchandises,
ils arrivèrent après deux nouvelles journées de canotage auprès
d'une nouvelle série de chutes infranchissables. Ils durent s'arrêter. C'est là qu'est aujourd'hui le Grand-Dégrad.

La rivière n'avait plus que 20 à 25 mètres de largeur, elle se di-
visait en plusieurs branches torrentielles au-dessus des chutes ; les
sources ne devaient pas être très éloignées ; Tamba et Germane
décidèrent de continuer leur route à pied dans la direction générale
de la rivière, c'est-à-dire dans l'Ouest.

Alors commença pour eux une véritable odyssée. La direction
suivie par les mineurs rencontrait une suite non interrompue de
montagnes peu hautes, mais quelques-unes presque à pic. (Cette
route coupe suivant un angle aigu, la ligne de partage des eaux du
Carsevenne et du Cachipour, en un point qui s'appelle aujourd'hui
le Carbet-Roche).

Ils allaient doucement, visitant et fouillant les criques ; mais pas
un grain d'or ne se montrait au fond de la batée. Ce n'était pas
ce que saint Antoine avait promis, et déjà nos braves gens maudis-
saient tout bas le saint. Ils marchaient ainsi depuis une vingtaine
de jours, leurs vivres s'épuisaient, leurs hommes exténués, découragés, prenant peur de l'inconnu, parlaient de revenir sur leurs pas :

« On s'était trompé de route bien sûr. Il fallait passer à gauche..
etc... »

Tous ces détails sont nécessaires, parce que ici se place un fait
caractéristique qui laisse à notre compatriote Clément Tamba tout
l'honneur et le mérite de la découverte d'or qui devait être faite
quelques jours plus tard.

Le guide Germane et les siens, découragés, abandonnèrent Tamba
à 35 kilomètres environ du Grand-Dégrad : « Je ne suis pas venu

si loin, disait Tamba, pour revenir bredouille. Tant que j'aurai des vivres, je marcherai ». Et on marcha encore.

Le lendemain, une batée faite dans le gravier de la crique auprès de laquelle campait l'expédition, laissa voir dans son culot quelques points d'or (la couleur comme disent les mineurs). C'était

Type de mineur français (d'après une photographie de l'auteur).

l'espoir qui naissait. Aussi, la crique et la montagne en cet endroit, ont-elles conservé le nom caractéristique : Espoir.

Après une ou deux journées d'infructueuses recherches dans le massif Espoir, nos mineurs arrivaient enfin dans une crique où la batée, enfoncée comme une pelle dans le gravier, laissait voir, après les premiers tours de décantage, comme une fourmilière d'or. En quelques points, les mains des prospecteurs, comme celles du roi Midas, semblaient posséder la merveilleuse faculté de changer en or le sable qu'elles touchaient.

Des batées de 100 et 150 grammes d'or furent ainsi obtenues. La joie fut immense, inénarrable. Les malades furent guéris et les plus fatigués recouvrèrent des forces !

La découverte des riches mines d'or de Carsevenne était faite et faite par des Français avec des capitaux français.

Deux mois après son départ, Clément Tamba revenait à Cayenne avec 12 kilos d'or natif, produit de quelques jours de travail. La nouvelle de la découverte se répandit aussitôt de Cayenne aux quartiers les plus reculés. Tout travail fut aussitôt mis de côté, les placers réguliers mêmes furent abandonnés. Tous les hommes valides des communes et beaucoup de femmes, accoururent en masse à Cayenne pour partir à Carsevenne. Tout l'argent disponible servit à acheter des provisions. Les bijoux et les meubles furent vendus ou mis en gage.

Au mois d'avril 1894, quelques expéditions parties en avant, revenaient après quelques jours de travail, avec des productions de 50, 60 et 80 kilos d'or. Alors ce fut un délire, une ivresse : Carsevenne ! Carsevenne ! on ne connut plus que ça à Cayenne : ce nom merveilleux comme l'Eldorado, était dans toutes les bouches. En quelques jours, le kilogramme de mercure monta de 6 francs, son prix ordinaire, à 60 et 80 francs et même 100 francs, les autres marchandises à l'avenant.

On s'entassait pêle-mêle, en troupeau, sur le pont des petits caboteurs par deux cents, trois cents, et dans les petits vapeurs par cinq et six cents. Les navires n'étaient pas assez nombreux pour porter tout le monde et on devait attendre son tour d'embarquement pendant vingt et trente jours.

Je terminais, en ce moment, les levés de détail au 1/100.000 des principaux affluents du Haut Maroni, quand la nouvelle de la découverte me fut apportée par un canot de ravitaillement. Mes hommes refusant de me suivre, je me vis obligé de retourner à Cayenne, où la fièvre de l'or possédait tout le monde. J'organisai à la hâte une expédition composée de six hommes et une femme et qui me coûta 6.500 francs environ et je partis pour le Contesté. C'est alors, de mai en août 1894, que je fis le premier les levés au 1/100.000 du Carsevenne et de son affluent, la rivière Carnot.

Dans le bas Carsevenne, sur deux kilomètres de longueur, de la
première à la seconde chute, ce n'était que carbets (paillotes)
improvisés, encombrés de marchandises et d'ouvriers. Rien ne
rebutait les mineurs, ni la boue, ni les pluies torrentielles, ni
les crues du fleuve, dont les tourbillons et les rapides ont englouti

Une rue de Petit-Dégrad (d'après une photographie de l'auteur).
(Paru au *Tour du Monde*)

tant de victimes, de marchandises et de kilos d'or. Des cadavres
et des ballots passaient au fil de l'eau ou s'arrêtaient au hasard
sur les bancs de sable. Le Minautore, gardien des passes du
fleuve et des trésors, faisait payer son tribut.

Au mois de mai 1894, le nombre des mineurs venus à Carsevenne était de 6.000 environ, le quart de la population de la
Guyane.

Après huit ou dix jours de canotage, on arrivait au Petit-

Dégrad, d'où deux jours de marche par terre conduisaient aux chantiers d'exploitation.

Le procédé employé pour le lavage était et est encore le *sluice* (plan incliné simple), composé généralement de trois dalles de quatre mètres ajustées bout à bout, quelquefois deux seulement, avec amalgamation de mercure, procédé que nous avons décrit dans la première partie de ce travail.

Dans les placers réguliers, les opérations de lavage se font avec beaucoup de soin. Mais à Carsevenne, on ne prenait pas tant de précautions, sans compter que la majorité des nouveaux venus connaissaient à peine le travail. C'est ainsi qu'on a pu repasser deux fois les criques riches. Vite on coupait un arbre facile à scier, comme l'acajou, le cèdre, le grignon, et on construisait trois dalles que l'on mettait en chantier.

Quand on débouchait par l'étroit sentier en lacet qui descend de la montagne, sous le couvert de la forêt vierge, et que l'on arrivait dans la clairière obstruée de troncs d'arbres et de chantiers dans tous les sens, les uns sur les autres, dans la boue et les graviers, c'était un spectacle unique à contempler.

Au milieu de longs bruits de pelles, de pioches, de marteaux, et du tohu-bohu des voix qui commandent, qui s'appellent, qui se disputent dans toutes les langues, on voyait des hommes, des noirs en majorité, demi-nus ou simplement vêtus d'un court tablier de toile bleue, souillés, barbouillés de glaise, s'agiter comme de forcenés, comme des démons au milieu d'un bouleversement et d'un chaos pareils à des ruines.

Ici, un homme courbé dans la vase liquide qui lui arrive aux genoux, remplit un seau de cette vase, se relève, et, d'un élan des bras accompagné d'un « han ! » de la voix, toujours le même, qui rythme ses mouvements, vide mécaniquement dans une dalle, au-dessus de sa tête, le contenu de son seau dont une partie déborde et lui coule sur la figure ; et ainsi pendant des heures.

A côté, le piocheur affouille avec son pic, la couche précieuse de gravier surplombée par deux mètres cubes de terre stérile qui menacent à tout instant de l'engloutir. Il se hâte, changeant sa pioche par une pelle, de ramasser le gravier délité avec son nouvel outil, pour le jeter par un mouvement de moulinet, dans les dalles au-dessus de lui, et ainsi pendant des heures.

D'autres courbés sur l'instrument (le *sluice*) ou à califourchon dessus, s'usent les ongles et les mains à débourber, au passage, les cailloux de quartz à arêtes aigües qui peuvent contenir de l'or.

Plus loin, une équipe, non placée encore, dresse des planches sur un établi composé de deux rondins, et les cloue solidement pour confectionner les dalles avec lesquelles elle doit faire fortune en peu de jours ?

Là bas, quatre hommes coupent des arbres à grands coups de hache, et, avec leurs tronçons débités d'une certaine longueur, construisent un bâtardeau, pour élever l'eau et obtenir la pente nécessaire au lavage ; mais les hommes des chantiers d'amont envahis par les eaux, menacent de tout rompre, et, ceux des chantiers d'aval réclament également pour la cause contraire ; on se dispute, on se menace, on se frappe souvent ; mais les adversaires s'aperçoivent à la fin que cela n'avance à rien de se faire la guerre, et on finit toujours par s'arranger.

Dans un étroit emplacement, encore libre, un solitaire, armé d'une pelle tranchante, creuse un trou de sondage allongé, telle une tombe, qu'il vide au fur et à mesure de l'eau qui l'envahit.

Un autre, accroupi près d'une flaque d'eau, lave une batée à l'abri des regards indiscrets : « Eh bien ! ça paye ? » lui dites-vous en passant. Détournant à demi la tête sans se redresser, il vous décoche un mauvais regard oblique et soupçonneux dans l'espoir de se débarrasser de vous. Et si vous insistez : « Ho ! ho ! ça ne paye pas lourd ! » et il cache avec soin le contenu de sa batée.

Soudain, un craquement, une détonation se font entendre ; un gros arbre, un géant de la forêt, que les mineurs affouillaient sous les racines se penche lentement. C'est un sauve-qui-peut général dans tous les sens. Ceux qui sont dans les trous y restent et s'y accroupissent auxieux et pantelants, se demandant s'ils vont y être enterrés vivants, ou si une branche pénétrant dans leur retraite, ne viendra pas les y embrocher. L'arbre, accélérant sa vitesse, et rompant ses maîtresses racines, tombe avec fracas, broyant et tuant tout ce qui se trouve à la portée de ses grosses branches et de son tronc énorme. Des dalles sont brisées en miettes, des productions perdues, des bâtardeaux démolis, des chantiers éboulés et inondés et dans le silence relatif qui se fait aussitôt, les cris de douleur et d'angoisse des victimes de cet accident, se mêlent aux lamentations de leurs frères et de leurs amis qui vont à leur secours.

Quand j'aperçus pour la première fois cette vision de l'enfer du Dante, j'ai reconnu là le symbole suprême de la triste destinée de notre humanité. Et je n'ai pu m'empêcher de frisonner ne songeant malgré moi, à la Volonté supérieure qui a ainsi condamné l'homme à se courber et à s'avilir dans toutes les fanges pour en arriver à posséder ce métal jaune : l'or ! l'or qui donne la gloire et la puissance, l'or qui fait les lâchetés à l'air vainqueur, les vanités triomphantes, les haineuses flatteries et les sanglantes colères, l'or qui corrompt et l'or qui tue.

Les expéditions pour Cafseyenne se font pour une durée de six mois et s'organisent encore de deux façons :

1° Il y a l'expédition envoyée par un bailleur de fonds, qui demeure à Cayenne, ou qui accompagne comme directeur et administrateur de la société cinq ou six ouvriers ou davantage qui fournissent leur travail comme apport dans l'association.

2° Il y a l'association de quatre ou six ouvriers, jamais plus, rarement moins, qui mettant 500 ou 600 francs chacun dans une expédition, forment ainsi un capital, choisissent un chef parmi eux, presque toujours le plus fort, qui n'est pas toujours le plus habile, mais qui saura faire respecter par la force de ses *arguments*, les clauses de leur contrat.

Dans le premier cas, tous les frais sont à la charge du bailleur de fonds et le coût d'une expédition ordinaire se monte à 4.000 ou 5.000 francs. Les premières productions faites sur les placers serviront d'abord à rembourser les frais de cette expédition. Ce résultat obtenu, la production de chaque jour sera partagée, une moitié pour le bailleur de fonds, l'autre moitié pour les ouvriers qui se partagent entre eux cette moitié.

Le plus souvent, toutes les fois qu'ils en ont les moyens, les ouvriers noirs arrivés sur les lieux d'exploitation, abandonnent

Le sentier de placer (d'après une photographie).
(Paru au *Tour du Monde*).

leur patron pour travailler à leur compte. Celui-ci n'a plus qu'un moyen de sauver sa mise en leur vendant le plus cher possible les vivres qu'il a apportés, bien heureux encore quand ces vivres n'ont pas été gaspillés pendant la route. En dehors des obstacles naturels à vaincre, on voit qu'il faut, en outre, être bien trempé et avoir un certain courage pour mener à bien une expédition de ce genre.

Dans le deuxième cas, les choses sont simplifiées, le partage se fait à part égale tous les soirs : seulement, le chef prélève quelquefois des appointements en plus.

Ces deux systèmes d'association se pratiquent même dans la Guyane ; mais le plus souvent, surtout dans les placers réguliers, les ouvriers ont des livrets où sont inscrites toutes les conditions de leur engagement et le solde de leur compte.

Au bourg actuel de Carsevenne, la journée d'un manœuvre non nourri, se paie 5 francs et celle d'un ouvrier d'art 10 francs.

Quoique ces prix tendent à baisser de plus en plus, une grande Compagnie qui voudrait fonder une grande entreprise quelconque à la Guyane comme au Contesté, devrait songer, avant tout, à se munir de travailleurs : Kroumans, Annamites ou Javanais, ne parlant pas la langue du pays, afin qu'ils ne puissent être détournés par les chercheurs d'or.

Les criques les plus riches, Tamba, Laurens, et leurs branches, Onemarck, Sannemougon, Brousseau furent d'abord exploitées.

Presque toutes ces criques étaient d'un travail facile ; il y avait peu ou point de terre végétale stérile au-dessus de la couche riche. Les racines des arbrisseaux, des fougères et des palmiers nains, contenaient de l'or ; aussi, tout passait au lavage dans l'instrument.

Généralement, la profondeur ou épaisseur de la couche d'or alluvionnaire, varie avec les lieux, l'importance et la pente des criques.

La crique Onemarck, Grand Crique et le bas de la crique Tamba, présentaient, recouvrant la couche de gravier quartzeux riche, une épaisseur de terre végétale de 2 à 6 pieds (le déblai) qu'il fallait, après avoir coupé les arbres, déblayer et rejeter sur les côtés, pour pouvoir laver la couche riche sous-jacente. Cette terre végétale devait ainsi être remaniée plusieurs fois quand on portait l'instrument à droite ou à gauche, pour ne point laisser de *murs* contenant de l'or.

La routine veut que l'on procède ainsi d'habitude à la Guyane; mais on comprend que si la prise d'eau se fait à droite ou à gauche sur le flanc de la montagne, avec un nombre suffisant de dalles, on puisse mener l'avancement d'un seul côté, en travers du thalweg, sans avoir à remanier pour cela les terres de déblai.

L'or natif se trouvait en plus grande abondance, suivant une veine le long du thalweg, où la moyenne des batées de trois à quatre décimètres cubes, était de trente à quarante grammes d'or environ. Mais la moyenne générale ne dépassait guère dix et quinze grammes la batée, crique Tamba, sur deux kilomètres de longueur, et crique Onemarck sur un kilomètre environ, ce qui nous donne une moyenne de 1 kilog. 500 d'or natif par mètre cube de gravier lavé.

Les criques Laurens et Sannemougon présentaient la même richesse en quelques points ; mais sur la totalité de leurs cours de plusieurs kilomètres (3 kilomètres chacune environ), on pouvait établir une moyenne de 800 grammes par mètre cube.

La crique Brousseau, à trois ou quatre heures de marche dans le N.-N.-O. du Grand Placer, 10 kilomètres à vol d'oiseau, présente un nouveau type assez rare dans les Guyanes. Ici il n'y a pas eu d'érosion, le terrain est à peu près plat, la pente à droite et à gauche est à peine sensible, la couche à fleur de terre, sans déblai stérile, provient d'une décomposition sur place d'un épanchement quartzeux qui déborde le filon situé rive droite. De ce côté seulement, on trouve des batées de 5 grammes et de 10 grammes sans veine régulière.

Bien d'autres criques payant un gramme, deux grammes et trois grammes la batée ont été exploitées; mais vers la fin de 1894 et à l'époque où j'explorais la région, de mai en août 1894, les mineurs dédaignaient encore les batées d'un gramme.

Après le premier emballement, vers le commencement de 1895, le nombre des chercheurs d'or a commencé à diminuer. Beaucoup mouraient de diarrhées, de dysenterie et de la fièvre ; un grand nombre retournaient malades à Cayenne et avaient peine à se remettre. Le mercure et les vapeurs mercurielles empoisonnaient tout, les mineurs ne prenaient aucune précaution, chauffant des kilos d'amalgame sur les mêmes foyers qui servaient à cuire leurs aliments; de là des accidents à la bouche et aux gencives d'abord, puis des coliques, des diarrhées et souvent la mort.

Dans le courant de 1895, les mineurs n'étaient plus que 4.000, et 3.000 seulement à la fin. Mais à ce moment, sont arrivés les noirs anglais de Démérari et des Antilles, comblant les vides; la population de Carsevenne, grâce à eux, a remonté en 1896 et 1897 à 3.500 et 4.000 environ.

Les Brésiliens, quelques-uns venus de Vigie et du Para ont exploité l'or en 1894 et 1895 au nombre de 200 environ. Une crique dans les parages de Carbet-Roche, porte encore le nom de crique des Brésiliens. Mais, obéissant à un mot d'ordre venu du Para, ils ont subitement disparu en décembre 1895.

En estimant à 250 kilos l'or passé par le Para, à 500 kilos celui envoyé directement à Démérari, par des goëlettes ou par le vapeur *Saint-Pierre*, à 1000 kilos l'or passé en fraude à Cayenne, et en ajoutant à ces chiffres, ceux officiels de la douane de Cayenne jusqu'à ce jour, on aura la quantité totale de l'or natif extrait des alluvions de Carsevenne-Cachipour.

Passés en douane provenant de Carsevenne :

En 1894................	2.500 kil.
En 1895................	1.921 k.313
En 1896................	1.831 k.351
En 1897................	1.015 k.990
	7.268 k.654

Soit un total de près de 10.000 kilos extraits jusqu'au premier janvier 1898.

Aujourd'hui, l'exploitation de l'or alluvionnaire par petites compagnies, touche pour ainsi dire à sa fin. Les mineurs se contentent encore de repasser les criques riches, de fouiller les murs et de *bricoler* comme ils disent, dans les petits ravins. A la saison sèche, la majorité d'entre eux va travailler Grand Crique; mais le déblai de deux mètres et la couche noyée par les eaux, rendent le travail de plus en plus pénible vers l'aval. Les batées payent encore cinquante centigrammes et de ci de là, une petite poche donne 1 gramme la batée.

Telle qu'elle est à présent, cette crique et quelques autres, dont le lit majeur (le marécage des mineurs) est large, présentent encore du travail pour plusieurs années.

Il faudrait ici des procédés plus puissants et plus perfectionnés, car il y a certainement une autre ou plusieurs autres couches en profondeur.

Des prospections anciennes ont signalé la présence de l'or un peu partout dans le territoire contesté et des prospections récentes ont donné des résultats satisfaisants qui permettent d'espérer mieux pour l'avenir.

Filons

Comme nous l'avons déjà dit, dans toutes les Guyanes, les filons riches sont toujours en relation directe avec les diorites et les diabases. Il suffit de jeter les yeux sur une des coupes p. 37 et 39), pour se rendre compte de leur allure.

Beaucoup affleurent aux flancs érosés des montagnes et dans le lit des petites criques où les mineurs les attaquent facilement à coups de pics dans la roche morte (décomposée) où le foisonnement produit par l'hydratation et l'oxydation de la roche encaissante qui se décompose lentement, a modifié sensiblement leur position première.

Généralement, cette roche décomposée (diorite à amphibole le plus souvent) présente l'aspect d'une argile rouge très chargée de fer (limonite concrétionnée sur place) quelquefois schisteuse, où sont intercalées de nombreuses veinules de quartz déplacées, brisées, à arêtes aiguës, contenant de l'or, que le piocheur habile sait dénicher et fouiller jusqu'à une certaine profondeur.

Visible ou invisible dans le quartz, l'or natif est à peu près pur mélangé à un peu d'argent; mais jamais ce dernier métal n'a dépassé la proportion de sept pour cent dans les Guyanes, et à Carsevenne-Cachipour trois ou quatre pour cent.

Quoiqu'il n'y ait eu encore aucune étude sérieuse en profondeur, la richesse des filons est incontestable pour les endroits où, comme à Carsevenne, les alluvions ont une telle richesse uniforme et résultent de la destruction presque sur place d'une infime partie de ces filons.

Dans leur ensemble, les criques Tamba, Laurens, Sannemougon, Onémark et leurs branches forment ou comprennent une région de plusieurs kilomètres carrés de surface où la richesse de la couche alluvionnaire se maintient à peu près égale partout. Et de cette richesse, nous pouvons inférer sans crainte que, les sept à huit montagnes qui composent ce que nous appellerons le Grand Placer, contiennent dans leurs flancs des richesses incalculables.

En effet, quelle étude de géologue, quel travail d'ingénieur secondé par des milliers d'ouvriers, quelle analyse de chimiste auraient pu, mieux que l'érosion des eaux et de l'atmosphère, aidant à la décomposition des roches pendant des milliers de siècles, mettre à jour la preuve palpable de tant de richesses.

Le critérium de la richesse filonnienne est là tout entier et nous n'avons pas besoin d'autre preuve pour affirmer l'existence de ces richesses.

———

Formation Géologique

Les géologues ont essayé d'établir des lois pour déterminer le plus ou moins de richesse des filons, les zones riches alternant régulièrement avec les zones pauvres, d'autres ont affirmé la richesse en profondeur. Jusqu'à présent, les avis les plus dissemblables et les facies les plus différents, sont venus confirmer, tout au contraire, que ces lois n'existaient pas, ne pouvaient pas exister.

Ce que l'on sait bien, par exemple, c'est que généralement, la plupart, sinon la totalité des filons connus s'appauvrissent en métaux avec la profondeur.

Chaque région aurifère a son faciès particulier.

Voici succinctement dans le temps et l'espace, la suite des phénomènes géologiques qui se sont succédés dans la région qui nous occupe.

D'abord, les premières formations de gneiss, de micaschistes, de gneiss granitoïde au travers des cassures desquels s'est épanché le granite à microcline avec mica noir. Ensuite, sont venues au jour des pegmatites, des diorites quartzifères qui ressemblent parfois aux amphibolites des gneiss qui sont plus anciennes et ont une toute autre origine que les diorites, aussi ne renferment-elles jamais d'or ; les diorites proprement dites et les diabases.

Dans les périodes suivantes se sont déposés des conglomérats, des argiles, des quartzites schisteux, des schistes argileux micacés, des grès ferrugineux, des schistes ardoisiers, quelques minces couches de charbon.

Après sont venus les puissants filons de trapps (roches noires à grain fin) qui traversent l'ensemble du système et les filons de quartz. Période de plissement, de dislocation et de fractures qui a préparé et facilité le creusement de ces nombreuses petites vallées qui contournent et entrecoupent ce système, mais qui, à cette époque de formation, formaient certainement des couloirs et des bassins sans issue.

Nulle part on ne trouve trace de roches éruptives de la série moderne. Aussitôt que l'érosion plus puissante des grandes précipitations atmosphériques a commencé son œuvre, les filons de quartz, que la décomposition plus facile et plus avancée de la roche encaissante avaient laissés en relief et en place, ont été alors brisés et entrainés dans les thalwegs avec l'or natif qu'ils contenaient, et par conséquent recouvrent toujours les argiles.

Si, en quelques points, la couche de glaise manque et si le gravier repose directement sur la roche décomposée (roche morte) c'est presque toujours quand la pente favorisant l'érosion, cette érosion a enlevé la glaise que l'on retrouve cependant dans les poches où les plis du terrain ont pu la protéger

Dans la coupe, (1re partie, p. 37), la couche d'argile bleue est d'origine probablement récente et pliocène; la couche de gravier peut être attibuée à l'époque pliestocène comme les alluvions des grandes vallées, des grands fleuves de l'Europe; et la couche de terre végétale et d'humus est contemporaine de l'époque actuelle.

Il y a eu certainement plusieurs époques où le régime des eaux est devenu torrentiel, comme le prouvent l'alternance des couches de gravier aurifère avec les couches d'argile dans certaines petites vallées, argiles qui proviendraient du remaniement des argiles de base situées sur des points de surélévation.

Formation des filons de quartz

Les filons de quartz très nombreux traversent en tous sens les diorites et les diabases de la région Carsevenne-Cachipour, mais plus généralement, semble-t-il, suivant des directions comprises entre le N-E. et l'E. et le S-O. et l'O.; Petits et grands (quelques-uns ont jusqu'à 2 mètres de puissance), ils sont tous concrétionnés et formés sans aucun doute par des phénomènes thermo-chimiques.

Les parties éruptives récentes, encore très chaudes en profondeur et se refroidissant très lentement, se criblaient de cassures. A cette époque où les continents étaient à peine dessinés et où les océans n'avaient pas encore été absorbés pour un bon tiers au moins par l'hydratation et l'oxydation toujours croissantes de la croûte du globe, les eaux chlorurées devaient être en relation constante avec les cassures des roches. Si l'on songe à la facilité avec laquelle se décompose le chlorure d'or, il paraîtra vraisemblable que ces eaux chlorurées et sulfureuses sous une forte pression empruntant aux parties profondes de la roche encaissante les matières dissoutes : quartz, or, fer sulfuré, etc., et les amenant à la surface, les déposaient ensuite par évaporation et oxydation sur les parois et à la

Le vapeur « *Saint-Pierre* » sur le fleuve *Carsevenne* (d'après une photographie de l'auteur).

(Paru au *Tour du Monde*).

surface des cassures de la même façon que l'opale des geysers résultant de la décomposition du tuf palagonitique sous-jacent (1).

Le gros or en paillettes et en pépites se formait ainsi bien plus facilement vers la surface extérieure du filon. C'est une des raisons qui font qu'on trouve plus généralement les pépites et le minerai le plus riche en or immédiatement au-dessus de la couche de glaise où se sont faits les premiers dépôts de quartz.

En profondeur, comme dans la plupart des filons de ce genre connus, l'or est en grande partie dans les pirites de fer, et vers la surface, l'or est séparé de la pirite qui s'est hydroxydée en formant des concrétions irrégulières de limonite, comme on peut le voir en examinant les affleurements du chapeau de fer des filons.

Il me reste à signaler deux filons ou plutôt deux lentilles dont le remplissage assez problématique me semble provenir d'un phénomène de contact de la diabase avec des schistes argileux micacés, modifiés par ce contact. On trouve dans le voisinage de ce filon, dans la crique Sannemougon, quelques petits morceaux de charbon pêle-mêle avec les débris de schistes, de quartz et de minerai de fer.

Le plus puissant de ces filons, mis au jour par l'érosion de la crique qu'il traverse, pénétrant obliquement dans la montagne à droite et à gauche, est formé par un remplissage de quartz granulaire et de feldspath mélangé de silice où le minerai riche est disséminé en petits grains. Cette espèce de gangue décomposée sur place, se laisse pénétrer facilement par la pioche du mineur et apparaît comme un sable argileux légèrement teinté par le fer, payant 10, 15 et 20 grammes la batée de 3 décimètres cubes.

Plus de trois cents kilos d'or ont été extraits de cette poche sur une quinzaine de mètres de puissance : l'Usine, comme l'appellent les mineurs. Mais à quelques mètres de profondeur, on a dû abandonner l'exploitation à cause de l'eau et des éboulements et aussi du minerai plus dur, à grand regret, car la richesse continue en profondeur.

Une lentille analogue se trouve dans le N.-O du Grand Placer, à deux heures de marche environ.

(1) De Lapparent, de l'Institut, *Traité de Géologie*, librairie Savy, 77, boulevard Saint-Germain, Paris.

HOUILLE

Autres mines

Quant à la houille, elle existe ; mais je ne me risque pas encore à affirmer son abondance, sans une étude sérieuse en profondeur, pour en reconnaître l'épaisseur et le nombre des couches. Mais nous pouvons affirmer sa qualité. M. Fouqué, de l'Institut, le savant professeur du Collège de France, l'a analysée et a reconnu que c'était un excellent combustible. Dès lors, il est permis d'espérer que l'exploitation filonnienne trouvera sur les lieux mêmes, le combustible nécessaire au traitement et au transport du minerai et du matériel assurant à bon marché dès le début, sa prospérité déjà assurée.

Un filon de quartz riche en manganèse affleure à la source même de la branche de gauche de la crique Laurens. Ce filon est juxtaposé sur un filon de quartz aurifère, dont la cassure a dû se rouvrir, bien après sa formation, pour livrer passage au filon de manganèse.

Le minerai de fer se trouve un peu partout en grands dépôts.

Les grenats et les rubis se rencontrent souvent dans les mica-schistes et dans certaines variétés de gneiss granulitique.

Les diamants se trouvent au Brésil, dans des terrains analogues à ceux que nous venons d'étudier et l'on doit s'attendre tous les jours à la découverte de gisements de cette pierre précieuse.

AVENIR DE L'ANCIEN TERRITOIRE CONTESTÉ

Après ce qui vient d'être dit, on comprend que l'avenir de l'ancien territoire contesté n'est qu'une question de temps; mais surtout une question d'organisation et d'administration.

Premièrement, on ne doit pas, on ne peut pas en faire une colonie intimement unie à l'État du Para, parce que nous sommes ici en présence d'éléments de population trop divers, de races hostiles même. Ainsi, dans le Sud, la population est presque exclusivement composée de blancs portugais et brésiliens; à Carsevenne, on ne rencontre que des noirs français, anglais et hollandais; à Counani et Cachipour des métis de Brésiliens, et enfin, dans tout le reste du territoire, des tribus indiennes très diverses, dont quelques-unes sont ennemies et se font la guerre le plus souvent une guerre de poisons, de surprises et d'enlèvements.

La Nouvelle Guyane brésilienne, comme on pourrait volontiers l'appeler, est dans sa période d'évolution et de peuplement :

« ... Et au début de cette évolution, dit M. de Varigny, dans une étude très étudiée sur la colonisation, toujours et partout où la colonisation a réussi, nous voyons le despotisme, tantôt paternel, le plus souvent brutal et violent, mais nécessaire, soit qu'il s'agisse de grouper en une nationalité résistante et solide des tribus divisées et hostiles, soit qu'il s'agisse de fixer l'homme au sol, de substituer la vie sédentaire à l'existence nomade et d'unir en un faisceau commun les forces individuelles éparpillées. Que ce régime s'appelle protectorat, tutelle d'une race inférieure par une race supérieure, féodalité, esclavage ou despotisme, il répond à une nécessité impérieuse ».

Sans aller aussi loin que M. de Varigny, il y a avant tout ici, une œuvre à accomplir qui demande une volonté supérieure et persistante, non pas un despotisme, mais un pouvoir sans obstacle, ayant toujours pour objectif, le même but immuable, le même plan de colonisation une fois adopté dans ses lignes générales.

Le premier besoin est le peuplement. Ce peuplement se fera naturellement le jour où la sécurité pour les capitaux et les personnes sera assuré. Déjà, un mouvement d'émigration suffisant arrive des Antilles et des pays voisins attiré par l'or alluvionnaire. Il s'agit de savoir le conserver en laissant le travail de l'alluvion absolument libre, tout à fait en dehors des concessions à donner aux grandes compagnies, pour l'exploitation du tréfonds ou autres.

Le travail de l'alluvion est la ressource principale du petit capital. Quatre ou cinq ouvriers ont vite fait de s'associer avec leurs petites économies, pour partir à la recherche de l'or, et là où une grande compagnie se ruinera, les ouvriers ainsi associés réussiront toujours, tout en enrichissant le pays.

La réglementation du travail alluvionnaire doit donc plus particulièrement attirer l'attention et la sollicitude du gouvernement brésilien.

Voici, à notre humble avis, les bases fondamentales de ce qui conviendrait le mieux en ce genre.

Art. 1er. — L'Administration délivre des permis ou droits de prospection au prix de six francs, valables pour six mois, autorisant la prise de possession de cinq claims de 50 mètres dans l'axe général d'une crique quelconque, sur une largeur de 20 mètres de chaque côté de cet axe.

Art. 2. — Le découvreur de gisements aurifères, aussitôt sa première production qui ne pourra dépasser 1 kilo, est tenu de faire sa déclaration au garde-mine ou commissaire spécial. Il nomme la crique, désigne la position de ses claims et demande inscription au registre de l'Administration, avec le contrôle de deux témoins qui peuvent être ses ouvriers.

Art. 3. — Le découvreur est tenu de marquer lui-même la limite de ses claims avec des poteaux de 4 mètres de hauteur dans les quatre angles, réunis par une trace de 2 mètres de largeur. Ces poteaux porteront sur une plaque ou planchette le numéro du permis de recherche, la date du claimage et le nom du propriétaire.

Art. 4. — Toutes les productions doivent être apportées et déclarées au garde-mine qui perçoit un droit de 60 francs par kilo.

Art. 5.— Tout claim non délimité et non marqué très apparemment, est considéré comme déchu.

Art. 6. — Tout claim non exploité trois mois après sa déclaration sera déchu de ses droits et pourra être réclamé par un autre propriétaire. Toutefois, pour des raisons légitimes, un nouveau délai de trois mois pourra être accordé.

Art. 7. — Chaque propriétaire est tenu d'exploiter avec un minimum de cinq hommes par claim, c'est-à-dire au moins un chantier ordinaire.

Art. 8. — Toute contravention aux articles 1, 2, 3 et 4 entraîne la saisie de l'or et les contrevenants sont, en outre, passibles d'une amende de mille à trois mille francs.

Mais la base fondamentale de tout est le respect des engagements réciproques entre ouvriers et patrons. Tout le reste n'est rien sans cela....

En Guyane, lorsqu'un chef d'expédition ou exploiteur d'or engage vingt ouvriers par devant le Maire, un tiers ou la moitié au plus consentent à partir, les autres gardent les avances et assurés de l'impunité, le cigare aux lèvres, se moquent pas mal des vaines réclamations des patrons. Inutile de se plaindre. On vous répond invariablement : « C'est une affaire civile? »

D'un autre côté, pas mal d'aventuriers partis à la recherche de l'or et revenus bredouilles, refusent de payer les ouvriers qu'ils ont employés. On peut, on doit remédier à cela... C'est la base de tout. Et nous ne craignons pas de nous tromper en affirmant que le budget de la Guyane, produit presque tout entier par l'indus trie aurifère qui de ce fait a droit à quelque protection, serait considérablement augmenté le jour où une mesure radicale serait prise et tout le monde s'en trouverait mieux.

On pourrait, par exemple, condamner les ouvriers infidèles à la restitution des avances et à une amende de cent francs ou huit jours de prison. Il en serait de même pour les patrons vis-à-vis de leurs ouvriers : saisie à l'exclusion de tous autres de leur production et cent francs d'amende ou huit jours de prison.

Maintenant, une particularité digne de remarque, c'est que, avec le système de claims que nous proposons, il n'est pas du tout nécessaire de posséder exactement et avant tout la carte des territoires prospectés et exploités. Tout au contraire, les véritables éléments de cette carte se réuniront ainsi petit à petit et pourront être contrôlés facilement les uns par les autres. Si illettré qu'il soit, le chercheur d'or saura toujours marquer son claim et indiquer les principales rivières où il est passé.

En second lieu, il sera facile de s'attacher à la création de centres de colonisation en même temps qu'à l'amélioration de ceux qui existent déjà. Il faudra ouvrir plus largement les routes ou sentiers qui réunissent Mapa à l'Apurema et à l'Araguary et Mapa par Mapa-Grande à Carsevenne.

Telle qu'elle est, avec sa population qui augmente tous les jours, avec son commerce, son industrie et la pêche, dont nous avons déjà parlé, la Nouvelle Guyane brésilienne peut avoir un budget à part qu'il serait facile de prévoir si nous ne devions limiter ce travail déjà long. Bien mieux, on peut être assuré que son boni annuel sera suffisant pour aider et favoriser les centres de colonisation.

Ainsi, il ne nous paraît pas plus difficile de donner au colon honnête et pauvre, les mêmes avantages qu'au transporté concessionnaire en cours de peine à la Guyane française ? C'est-à-dire lui accorder son voyage de transport gratuit, lui avancer les outils les plus indispensables, lui payer une indemnité proportionnelle une fois sa case terminée, et lui accorder la ration pendant dix-huit mois.

Sans aller aussi loin, on pourrait accorder au colon pauvre, sur le rapport de l'autorité compétente, le médecin de colonisation par exemple, une prime semestrielle pour la première année d'établissement et au besoin pour six mois de prolongation.

Des primes spéciales seraient également accordées aux planteurs de café, de cacao et de manihot glazovïï.

Un bateau de pêche tapocye de Mapa (Dessin de Boudier. — *Tour du Monde*).

En retour, on pourrait exiger des colons des engagements réciproques pour l'entretien et la mise en culture de leurs concessions.

Toutes les conditions d'assainissement et d'établissement faciles préparées, le nombre des colons déterminé, le recrutement de ces derniers pourrait être assuré au moyen des renseignements fournis au Ministère, par les maires ou préfets du Brésil qui pourraient ainsi faire un choix dans les communes rurales des jeunes ménages de travailleurs les plus laborieux et les plus intéressants. C'est là, nous le croyons, un des côtés les plus pratiques de la colonisation.

Mais lorsque le gouvernement brésilien lui-même prendra l'initia-

tive de la création de centres de colonisation, nul ne pourra douter
et tous viendront avec confiance.

Enfin, dans les régions occupées par les Indiens, interdire absolument l'importation des spiritueux, parce qu'il est certain que le jour
où quelques-uns de ces poisons arriveront chez ces peuples primi-
tifs, l'ivrognerie et la paresse ruineront la population au profit d'un
petit nombre d'importateurs. Et pour ceux qui savent tout le parti
que les mineurs et les chercheurs de caoutchouc savent tirer de la
race indigène, en outre de l'acclimatement plus lointain de la race
européenne par le métissage, et, enfin, pour le développement général de la prospérité des contrées vierges, ne considèreront pas
comme de moindre importance cette interdiction.

Quoique Carsevenne soit le centre le plus peuplé, le véritable
chef-lieu indiqué est Mapa. Les navires de guerre de fort tonnage
même peuvent venir mouiller à La Croix de Mapa, à une heure de
canotage du village, en face de l'ancien poste français. L'endroit
est sain, les rues sont larges, les maisons d'assez belle apparence
pour le pays y sont très aérées, et il suffira, au début, de quelques
travaux d'installation et d'assainissement pour les préparer à recevoir colons, fonctionnaires et soldats. De plus, la vie y est meilleur
marché que partout ailleurs et on pourra toujours s'y approvisionner de viande et de poisson frais à volonté.

Deux cents hommes de troupes suffiraient, cent cinquante au besoin, pour occuper les principaux points du Contesté : 50 hommes
à Mapa, 50 à l'Araguary, 25 à Carsevenne et autant à Counani.

Pour ce qui est de l'intérieur, les territoires indiens limités rece-
vraient une organisation spéciale ultérieure en s'appuyant sur les
chefs et les fils de chefs que le premier devoir du gouvernement
serait d'instruire et d'amener peu à peu à la civilisation et à la nationalité brésilienne. L'œuvre des missionnaires chrétiens qui rendent
de si grands services en Afrique, est ici toute tracée.

CONCLUSION

En somme, comme on le voit, l'ancien Contesté vaut qu'on s'en occupe sérieusement, et vouloir l'abandonner ou s'en désintéresser, serait une faute grave.

Depuis longtemps ses richesses ont excité les convoitises de la France. Aussi ne faut-il pas s'étonner de l'interminable contestation dont elles ont été l'objet.

Espérons que le Brésil saura en tirer parti comme il convient.

Cet immense territoire offre à la colonisation, au commerce et à l'industrie, des débouchés et des garanties plus que suffisants, au point de vue des conditions climatologiques, de la richesse de ses mines, de ses pêcheries et de la facilité avec laquelle prospèrent déjà l'élevage des bestiaux et les quelques cultures que l'on y a essayées, pour que, dès le début, immédiatement, on puisse en retirer de beaux bénéfices.

Pour nous, nous croyons fermement à l'avenir de la Nouvelle Guyane brésilienne et nous espérons que la grande République brésilienne se fera un devoir de garantir dans son nouveau territoire les droits et les intérêts que nos nationaux ont déjà su acquérir dans ce pays si riche d'avenir.

Désormais, sur l'Oyapock, tout élément de discorde ayant disparu, les deux Républiques amies peuvent en paix se donner la main dans une étreinte de loyale amitié qui, je l'espère, profitera également à l'une et à l'autre.

FIN

TABLE DES MATIÈRES

BIBLIOTHÈQUE ... IMPRIMÉS

PREMIÈRE PARTIE

DEUXIÈME PARTIE

L'AGRICULTURE A LA GUYANE

FIN

Châteauroux. — Typographie et Lithographie P. Langlois et Cⁱᵉ

fructum
suum
restituo
tribus

www.ingramcontent.com/pod-product-compliance
Lightning Source LLC
LaVergne TN
LVHW012329060726
842524LV00017B/475